民族之魂

以勤补拙

陈志宏◎编著

延边大学出版社

图书在版编目（CIP）数据

以勤补拙 / 陈志宏编著 . -- 延吉 : 延边大学出版社 , 2018.4（2023.3 重印）

（民族之魂 / 姜永凯主编）

ISBN 978-7-5688-4505-2

Ⅰ . ①以… Ⅱ . ①陈… Ⅲ . ①品德教育—中国—青少年读物 Ⅳ . ① D432.62

中国版本图书馆 CIP 数据核字（2018）第 069084 号

以勤补拙

编　　　著：陈志宏

丛 书 主 编：姜永凯

责 任 编 辑：王　静

封 面 设 计：映像视觉

出 版 发 行：延边大学出版社

社　　　址：吉林省延吉市公园路 977 号　　　邮编：133002

网　　　址：http://www.ydcbs.com　　E-mail：ydcbs@ydcbs.com

电　　　话：0433-2732435　　　　　传真：0433-2732434

发行部电话：0433-2732442　　　　　传真：0433-2733056

印　　　刷：三河市同力彩印有限公司

开　　　本：640×920 毫米　　　1/16

印　　　张：8　　　　　　　　　字数：90 千字

版　　　次：2018 年 4 月第 1 版

印　　　次：2023 年 3 月第 3 次印刷

ISBN 978-7-5688-4505-2

定价：38.00 元

人有灵魂，国有国魂；一个民族，也有民族魂。

鲁迅先生曾经说过："唯有民魂是值得宝贵的，唯有他发扬起来，中国才有真进步。"

鲁迅先生以笔代戈，战斗一生，曾被誉为"民族魂"。

民族魂，顾名思义，就是一个民族的灵魂！民族魂，是一个民族的精髓，体现了一种民族的精神，是一个民族生存和存在的精神支柱。

什么是中华民族的民族魂？那就是中华民族精神！它是中华民族凝聚力的理念核心，是中华文明传承的基因。它包含热烈而坚定的爱国情感，对生活的美好愿望和追求，为目标努力奋斗的拼搏毅力，为正义事业不惜牺牲自己的精神，以及正确的人生观和价值观。

前言

翻开浩瀚的中国历史长卷，我们可以看到数不胜数的，体现民族精神和民族魂的英雄人物和可歌可泣的感人故事。

民族魂，不仅体现在爱国主义精神和行动中，而且体现在各个领域自强不息的民族奋斗中。而中华民族精神的力量，更是深深植根于延绵几千年的传统文化之中，始终是维系中华各族人民共同生活的纽带，是支撑中华民族生存和发展的精神支柱，是不断推动中华民族前进的强大动力。

民族魂体现在"重大义，轻生死"的生死观中；民族魂体现在"国家兴亡，匹夫有责"的使命感中；民族魂体现在"我以我血荐轩辕"的大无畏精神中；民族魂体现在将国家利益置于最高的爱国情怀中！

纵观中华五千年文明史，曾经有多少杰出的政治家、军事家、思想家、文学家、科学家、艺术家；曾经有多少忧国忧民、鞠躬尽瘁的仁人志士；曾经有多少抗击外敌、英勇献身的民族英雄。他们或顺应历史潮流，积极改革弊政，励精图治，治国安邦，施利于民；或为人类进步而不断进行着农业、工业、科技、社会等各种创新；或开发和改造河山，不断创造着灿烂的中华文明；或英勇反击外来侵略，捍卫着国家主权和民族尊严；或坚决反对民族分裂，维护国家的统一……他们从不同的侧面，体现了中华民族的民族魂，谱写了几千年中华文明的壮丽诗篇，铸造了中华民族高尚而坚不可摧的"民族之魂"。

民族魂，就是爱国魂。从屈原在汨罗江边高唱的《离骚》，到文天祥大义凛然赴死前的"人生自古谁无死，留取丹心照汗青"的诗句；从岳飞的岳家军抗击入侵金兵，到郑成功收复台湾；从血雨腥风的鸦片战争，到硝烟弥漫的十四年抗战，再到抗美援朝的隆隆炮声……哪个为国捐躯的英雄不是可歌可泣的？

民族魂，就是奋斗魂。从勾践卧薪尝胆，到司马迁秉笔直书巨著《史记》；从鉴真东渡传播佛法终在第六次成功，到詹天佑自力更生建铁路；从袁隆平百次实验成为"水稻之父"，到屠呦呦的青蒿素获得诺贝尔奖……哪个不是历经艰难，最终取得成功？

民族魂，就是改革献身魂。从管仲改革到商鞅变法；从王安石变法到百日维新……哪次变法图强不是要冲破

民族之魂

旧势力的阻挠，或流血牺牲？

民族魂，就是创新魂。古有毕昇发明活字印刷，今有王选计算机照排；古有指南针、造纸术、火药、浑天仪、地动仪的发明，今有神舟号的相继飞天……哪个不是中华民族的智慧结晶？

自古以来，多少仁人志士为了维护人格的尊严和民族气节，以生命为代价！留下了"玉可碎不可污其白，竹可断不可毁其节"的称颂；有多少英雄豪杰，为理想和事业奋斗，面对死亡的威胁，大义凛然；有多少爱国壮士面对侵犯祖国的列强，挺身而出而献出生命。

伟大的中华民族孕育了五千年的辉煌，五千年的历史留下了璀璨的中华文明。

前 言

中国人的血脉流淌着顽强不屈的精神！我们的先辈用血汗和生命铸就了不朽的中华民族魂！换得如今中华大地的一片祥和安宁，换得我们现在的幸福生活。如今，我们要实现习近平主席提出的中国梦，依然需要我们秉承祖辈留下的这种"民族魂"。

青少年是国家的希望，亦是民族的未来。因此，爱国主义教育和励志图强教育要从青少年开始。为了增强对青少年的民族精魂和志向教育，我们精心编写了本套丛书——《民族之魂》丛书。

本套丛书将我国有史以来体现民族精神和民族魂的典型事迹，以通俗易懂的语言故事形式展现出来，适合青少年的阅读水平和欣赏角度。书中提供的人物和事件等故事，涉及社会的各个方面，有利于青少年学习和理解，使读者能全方位地领悟中华民族精神。

为了帮助读者更好地理解和吸收故事的精神，编者在每篇故事后还给出了"心灵感悟"，旨在使故事更能贴近现实社会，让读者结合自身的需要学习领会，引发读者更深入的思考。

希望读者们可以从本套图书中获得教益，通过阅读，真正体会到中华民族之魂所在，同时能汲取其精华，不断提升自己各方面的素质和品格，为祖国新时代的建设和发展做出努力。

全套丛书分类编排，内容详尽，风格独具，是广大读者尤其是青少年爱国励志教育的优秀阅读材料。相信本套丛书一定可以成为青少年朋友的良师益友。

　　勤，就是勤劳、勤奋。中华民族历来以勤劳著称，我们的祖先在中华大地上依靠辛勤的汗水繁衍生息，发展强大，创造了悠久而灿烂的历史文化，为人类文明作出了巨大贡献。勤，在《说文解字》里解释为"劳也"。《法言先知》里有"或问民所勤"，这里有辛苦的意思，所以又有辛勤一词。

　　勤劳是中华民族传统美德的重要组成部分。中华民族崇尚勤劳，勤劳致富，勤俭治家，勤而治国。"勤"也成为中国人身上的优秀品质，成了社会上评价某人的标准之一。勤奋的人总能得到好评，中国人也把勤劳当做一切美德的基础，把懒惰看成是一切失败的源头，从而形成了以勤为核心的道德观念。先贤们为我们留下了无数勤劳的事迹，在近代、当代，更有许许多多勤劳的榜样。他们的事迹感人至深，他们的精神连同他们的英名永远留在世人的心里。从鸦片战争到"五四"运动，再到新中国的诞生，再到建设有中国特色社会主义的今天，多少仁人志士，多少革命先辈，又有多少默默无闻的普通大众为之奋斗。各行各业、各条战线也涌现出千千万万艰苦奋斗、勤劳一生的英雄模范。在他们身上，处处都有勤劳的影子。

　　今天，人们的物质生活水平有了很大的提高。在这种情况下，一些人的思想产生了模糊认识，认为如今是改革开放的时代，人们都在奔"小康"，都在追求高标准、高消费，尚勤戒惰、艰苦奋斗已经过时了，谁再讲勤俭就是"土包子"。在这种思想的影响下，一些青少年中存在着追求享乐。讲究吃穿、浪费粮食、不知爱惜物品、乱花零钱、好吃懒做等不良风气。因此，在青少年学生中开展艰苦奋斗、尚勤戒惰的传统美德教育成为了当务之急。

目前，我国的社会主义现代化建设还处在创业发展时期，艰苦的创业实践更需要艰苦的创业精神。现在依然需要我们有艰苦奋斗、尚勤戒惰的创业精神，既要有主观的自觉，又要有客观环境；既要有实际的内容，又要有教育的形式。在新时期的社会主义精神文明建设中，开展中华民族传统美德教育，不仅要继承传统美德，更要求我们的青少年树立正确的人生观、价值观，提升、发扬中华民族的传统美德。

在本书中，我们从古代先贤和近现代楷模尚勤戒惰的事迹中，精选出一些典型故事。这些故事的主人公身上不仅具有勤劳的美德，而且具有立志勤学、爱国爱民、天下为公等许多中华民族的传统美德。正是这诸多方面的美德，构筑了他们完美的品德和人格，成为全国人民，特别是广大青少年学习的榜样。希望大家通过阅读此书，可以从中受到教益，学习先贤们的勤奋精神和品格，改掉自己身上的懒惰习惯，做一个合格的新时代新青年，为国家的建设和发展做出自己应有的贡献。

目录

CONTENTS

第一篇　崇尚勤俭律己为先

2　舜善良勤劳受尧器重

6　"后稷稼穑"惠及后人

9　冯元淑清苦恪勤

11　清勤典范卢怀慎

15　柳宗元克勤尚俭

19　马皇后不忘勤俭

第二篇　勤而自勉利国利民

24　王震参加军民劳动

27　彭雪枫深夜编草鞋

30　老红军李承祖勤劳为民

33　战斗英雄邳顺义

36　离休干部当义务修理工

39　胡阿素积蓄献国家

43　赵春娥节煤为国

第三篇　自力更生勤劳致富

48　梁鸿白手起家成富户

52　"铁姑娘"队二次创业

56　"做一名最出色的小工"

59　他把沙荒地变良田

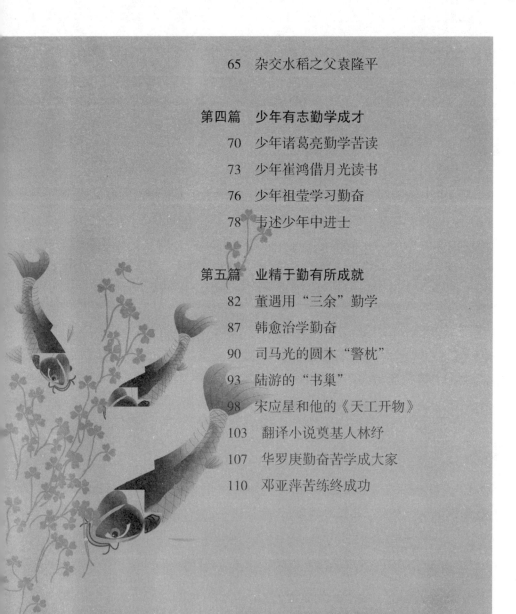

65 杂交水稻之父袁隆平

第四篇 少年有志勤学成才

70 少年诸葛亮勤学苦读

73 少年崔鸿借月光读书

76 少年祖莹学习勤奋

78 韦述少年中进士

第五篇 业精于勤有所成就

82 董遇用"三余"勤学

87 韩愈治学勤奋

90 司马光的圆木"警枕"

93 陆游的"书巢"

98 宋应星和他的《天工开物》

103 翻译小说奠基人林纾

107 华罗庚勤奋苦学成大家

110 邓亚萍苦练终成功

第一篇
崇尚勤俭律己为先

舜善良勤劳受尧器重

舜（生卒年不详），也称虞舜，号有虞氏，名重华。因生于姚地，以地取姓氏为姚。中国传说中父系氏族社会后期部落联盟领袖。据考证，姚姓族人是黄帝、舜帝的后裔。

舜，中国传说中父系氏族社会后期部落联盟领袖。

舜名重华，晋代皇甫谧又说他字都君。舜又称虞舜，建国号有虞，都蒲阪。按先秦时代以国为氏的习惯，故称有虞氏帝舜。还传说舜出生于姚墟，故姓姚氏。唐代张守节特别指出："蒲州河东县本属冀州。"似认为舜是河东县人。唐代蒲州河东县即今山西永济市，治所在今蒲州镇。孟子认为舜是东夷人，《孟子》："舜生于诸冯，迁于负夏，卒于鸣条，东夷之人也。"

《中庸》曰："舜其大知也与！舜好问而好察迩言，隐恶而扬善，执其两端，用其中于民，其斯以为舜乎！"

相传舜的家世甚为寒微，虽然是帝颛顼的后裔，但五世为庶人，处于社会下层。舜的遭遇更为不幸，父亲瞽叟是个盲人，母亲很早去世。瞽叟续娶，继母生弟名叫象。舜生活在"父顽、母嚚、象傲"的家庭环境里。

有一次，继母叫舜和象去种黄豆，她让舜种阳光不足的北坡，让象种土沃光足的南坡。她还把好豆种给了象，把不好的豆种给了舜。舜和象各自种下了豆种。

勤劳的舜起早贪黑，不辞劳苦，整天在地里耕耘，浇水、除草、捉虫，样样精心。早晨还没等太阳升起，舜已出现在田间了；晚上太阳落山后，他还没有停止手中的劳动。

由于母亲的娇生惯养，象懒惰成性，挑不动水，举不起锄，怎能吃得一番辛苦而在田间耕耘呢？

于是，北坡与南坡的豆苗出现了截然不同的长势：舜种在北坡上的豆棵，枝叶繁茂，绿茵茵的；象的南坡，野草丛生，几乎看不见豆苗。

一天，帝尧来到这个地方，在山坡前看见一个年轻人，赶着一头黄牛和一头黑牛在犁地。那人手里并没有拿鞭子，而是拿着一个小簸箕，不时地敲几下。帝尧看着，心里很纳闷，心想这小伙子真奇怪，犁地敲簸箕，这是什么意思呢？这时，有一位白发长者挑着柴从对面山上下来，那小伙子看见后，便放下手中的活儿，接过老人的担子，一直帮老人挑到山坡下面。等那老人过来，帝尧拱手道："老人家，这小伙子是您的儿子吗？"老人说："不是，他是我们这里的小首领，家住在附近，我是他的百姓。"帝尧问："他是首领还肯替您挑柴吗？"老人说："他就是这样，见谁有困难，就帮助谁，并且身为首领，从不让别人替他干活。你不见他自己正在犁地吗？"

帝尧走上前去，问了名字后，方知他叫舜。帝尧问他说："为什么耕地敲簸箕？"他说："牛虽是牲畜，但为我耕这样的山地，就已经很费劲了。如果我再用鞭子抽它，实在于心不忍，所以，我用敲簸箕的声音吓一吓它就行了。如果我要打，这头牛受痛苦就要猛拉，那头牛还按部就班。这样一头猛拉，一头不拉，结果乱了套，不仅耕地少，还累得牛精疲力尽，没有什么好处。"

听到这，帝尧连声称颂："有道理！既勤劳又爱惜耕牛，是个人才。如果当了国君，应该更会用人。"后来，帝尧真的让位给舜。

由于舜在长期的艰苦劳动中积累了丰富的经验，即帝位后，国计民生，防敌御侮，无不处理得井井有条，成为百姓称颂的好首领。

■故事感悟

虽然继母时常虐待舜，但舜却用仁爱之心坦然受之，并且从小就养成了勤劳朴素的品德。在他当了帝王之后，这种品德无疑也会感染其治下的人民。

■史海撷英

"国家形成"说

有学者认为，人类文明的发端就是剥削的开始，因而国家的形成或奴隶社会的开始才是进入文明时代的契机。可对于国家出现的时间，学术界有大汶口文化晚期、尧舜时期、夏代、商朝和西周等五种说法。现在，多数学者认为：我国第一个奴隶制国家是夏朝。因为文献记载，《礼记·礼运》中有关于"大同"与"小康"的记录，这是国家出现的标志之一；由于《史记》所记商王朝的世系被殷墟甲骨文所证实，因此有理由认为《史记》所言商朝之前为夏代的观点是可信的。以河南偃师为代表的二里头文化从地域、时间、文化系统和社会发展的阶段看，应该是夏代文化遗址，这就找到了夏代存在的考古依据。所以说，我国从夏朝起开始进入了文明时代。

《礼记》

　　《礼记》是中国古代一部重要的典章制度书籍。《礼记》一书的编订者是西汉礼学家戴德和他的侄子戴圣。戴德选编的85篇本叫《大戴礼记》，在后来的流传过程中有遗失，到唐代只剩下了39篇。戴圣选编的49篇本叫《小戴礼记》，即我们今天见到的《礼记》。这两种书各有侧重和取舍，各有特色。东汉末年，著名学者郑玄为《小戴礼记》作了出色的注解，后来这个本子便盛行不衰，逐渐成为经典。到唐代被列为"九经"之一，到宋代被列入"十三经"之中，成为士人必读之书。

"后稷稼穑" 惠及后人

后稷（生卒年不详），姬姓，古代周族的始祖。传说有邰氏之女姜嫄踏巨人足迹，怀孕而生，因一度被弃，故又名弃。善于种植各种粮食作物，曾在尧舜时代担任农官，教民耕种，被认为是开始种稷和麦的人。

后稷是上古时代的一位能人。稼穑是指播种和收割庄稼，泛指农业劳动。"后稷稼穑"是说后稷懂得农业，教授老百姓种庄稼的故事。

在神话传说里，后稷是天帝的儿子，父子都是神仙。父亲到人间当了部族首领，后稷也投胎来到人间。

《史记·本纪》记载了这个神话，说周代的先民后稷，名字叫弃，他的母亲叫姜嫄。

姜嫄在野外发现一个巨人的脚印，心里很好奇，就去踩了这个脚印，因此而怀孕，过了整一年才生下个男孩。她认为不吉利，就要把孩子抛弃到山林里。赶巧那里人多，不能当众扔孩子，于是她又换了个地方，把孩子扔在河沟的冰面上。可是被空中的鸟儿看见了，鸟儿立刻飞下来用翅膀垫在孩子身下。姜嫄感到很神奇，就把他抱回家养大了。因为最初想抛弃他，所以给他取名弃儿。

《史记》里还说，后稷自幼就有抱负，游戏的时候也喜欢栽麻种豆，麻和豆子都长得很好。

后稷长大后，更爱好农耕，经常教百姓干农活，使周代先民脱离了逐水草而居的游牧生活，进入到定居耕作的农业时代。后稷懂得土壤的性能和庄稼的习性，百姓都向他学习。部族联盟的首领帝尧听说了，就推举他当掌管农业的负责人。后稷对当时社会的进步作出了很大贡献。

古书《山海经》和《尚书》也记载了这个神话，说后稷从天上拿来百谷的种子播撒到人间，结出丰硕的果实，繁荣了农业。

传说后稷死后安葬在山水环绕的地方，那里有三百里良田，五谷丰登，还有仙女弹琴，鸾凤歌舞，百兽和睦相处，草木四季常青。

■故事感悟

后稷和他领导的先民，用智慧和勤劳创造了人间乐土，让广大的炎黄子孙掌握了农耕技术，结束了游牧生活。后稷的功绩将永远被世人所传颂。

■史海撷英

后稷《史记·周本纪》

周后稷，其母姜嫄为帝喾元妃。姜嫄出野，见巨人足迹，踏之，践之而动如孕。生一子，以为不祥，弃之隘巷，马牛过者，皆避不践；徙置之林中，适会山林多人，迁之；而弃渠中冰上，飞鸟以其翼覆荐之。姜嫄以为神，遂收养长之。初欲弃之，因名曰弃。

炎黄子孙

炎黄子孙是华夏民族的自称，又称为华夏儿女。传说中，炎帝与黄帝都被视为华夏民族的始祖。《国语·晋语》载："昔少典娶于有蟜氏，生黄帝、炎帝。黄帝以姬水(今陕西关中漆水河)成，炎帝以姜水(今陕西关中清姜河)成。成而异德，故黄帝为姬，炎帝为姜。二帝用师以相济也，异德之故也。"这是我们目前所能看到的最早记载炎帝、黄帝诞生地的史料。因此，他们是起源于陕西省中部渭河流域的两个血缘关系相近的部落首领。后来，两个部落展开阪泉之战，黄帝打败了炎帝，两个部落渐渐融合成为华夏族。华夏族人在汉朝以后称为汉人，唐朝以后又称为唐人。炎帝和黄帝也是中国文化、技术的始祖，传说他们以及他们的臣子、后代创造了上古几乎所有重要的发明。

后来传说的几位古帝王一直到夏商周帝王，都被认为是黄帝的直系子孙，连蛮、夷也被纳入这个系统，后世的帝王也声称他们是黄帝的后裔。几乎所有的姓氏都将自己的远祖追溯到炎帝、黄帝或他们的臣子，而接受了华夏文化的少数民族（如匈奴、鲜卑等）也声称自己是黄帝子孙、炎黄子孙。辽朝大臣耶律俨《皇朝实录》称契丹为黄帝之后。《辽史·太祖纪赞》和《世表序》主张契丹为炎帝之后。近年在云南发现的契丹遗裔，保存有一部修于明代的《施甸长官司族谱》，卷首附一首七言诗，诗曰："辽之先祖始炎帝……"

冯元淑清苦恪勤

冯元淑（生卒年不详），相州安阳（今河南安阳）人。

武则天晚年至中宗时期，酷吏之党，横噬于朝；虎狼之吏，遍布州县。然而，河北洺州却出了"有政理之声"的三县令，他们是：清漳（今河北广平县东北）令冯元淑、肥乡（今河北肥乡）令韦景骏、临洺（今河北永年）令杨茂谦。韦景骏政绩显著，杨茂谦"以清白闻"，冯元淑更是"政有殊绩"。

冯元淑从兄冯元常"清鉴有理识，甚为高宗之所赏"，武则天时"虽屡有政绩"，却为酷吏周兴所陷，下狱死。冯元淑就是在这样一种背景下出任清漳令的。在清漳令任上数年，史书记载仅有十字，"政有殊绩，百姓号为神明"。要获得这样的评价，是十分难得的。按照唐朝的考课之法，各级官吏在本职内各项规定都为"最"的同时，还必须做到德义有闻、清慎明著、公平可称、恪勤匪懈"四善"。冯元淑正是以其县令职掌和最为"恪勤""清慎"等，才获得考核的上上，赢得百姓的称颂。为此，中宗特颁玺书奖励，并命史官编其事迹。同时，调任浚仪（治在今河南开封）令，任满后升畿辅所辖始平（治在今陕西兴平）令。

冯元淑在赴浚仪、始平二县时，自河北入河南，再进陕西，都是单骑赴职，不曾携带家眷。在任上，因公务所乘马匹，不仅无丝毫装饰，甚至到下午连草料都不加，说是让其"作斋"。他本人及仆役，每天也只进一餐而已。俸禄结余，一部分"供公用"，作为县衙经费，一部分"给与贫士"，养鳏寡、恤孤穷。当时，有人讽刺说他这样做是为了沽名钓誉。冯元淑听了后，很坦然地表示："此吾本性，不为苦也。"后入朝，卒于祠部郎中任上。

■ 故事感悟

史书虽然主要记载冯元淑自甘清苦，但透过清苦可见其"恪勤"。俸禄结余"供公用"，显然是勤政的反映；将俸禄"给与贫士"，更是恪勤的内容了。

■ 史海撷英

安禄山起兵

唐朝天宝十四年十一月初九（755年12月16日），身兼范阳、平卢、河东三节度使的安禄山趁唐朝内部空虚腐败，联合同罗、奚、契丹、室韦、突厥等少数民族组成共15万大军，号称20万，以"忧国之危"、奉密诏讨伐杨国忠为借口在范阳起兵。当时国家承平日久，民不知战，河北州县立即望风瓦解，当地县令或逃或降。天宝十五年，安禄山占领长安、洛阳，进入安史之乱的最高峰。

清勤典范卢怀慎

卢怀慎（？—716），滑州灵昌（今河南滑县西）人。自幼清勤。

　　唐朝有一位宰相，"忠清直道，终始不亏"，卒后玄宗亲为其抄写碑文，以示褒奖。他的名字叫卢怀慎。

　　唐中宗时，卢怀慎为右御史台中丞，曾连上三疏指陈时政得失，未被采纳。当时，正如他在论时政疏中所说，州牧、县令等官，"不尽其力，偷安爵禄，但养资望"，甚至"不率宪章，公犯赃污，侵牟万姓，剽割蒸人"。在这种"浮竞之风转扇"的年代，卢怀慎以"清俭"自守，"不营产业，器用服饰，无金玉绮文之丽"。所得禄俸，随时分散给亲故，家无余蓄，以致妻儿老小不免饥寒。玄宗先天二年（713年），卢怀慎为黄门侍郎，在东都洛阳分掌选官之事。随身所带用具，仅仅一个布袋。年底，调回京师拜相，与姚崇共掌机密，兼掌吏治。开元四年兼吏部尚书，不久患病。宋璟、卢从愿经常到家中看望他，见其卧床"敝箦单席，门无帘箔，风雨至则以席蔽焉"。卢怀慎一向敬重宋璟、卢从愿，见他们来很高兴。"留连永日，命设食，有蒸豆两瓯、菜数茎而已，此外脩然无办"，清俭到极。当其弥留之际，仍不忘吏治，拉着宋、卢二人手说："二公常出入为藩辅，圣上求理甚切，然享国岁久，近者稍倦于勤，当有小人乘此而进，君其志之。"在病重自知不久于人世之际，卢怀慎还给玄宗写了一份表章，依然是谈择官、用贤。一是表达自己"报国之心，空知自竭；推贤之志，终未克申"的心愿；二是以吏部长官的身份向玄宗推荐宋璟、李杰、李朝隐、卢从愿，认为此四人"并明时重器，圣代良臣"，虽"微有愆失"，但"所弃者大"，"望垂矜录，渐加进用"。

及至临终，"家无留储"，仅此遗表一纸。治丧者，"唯苍头自鬻，以给丧事"。玄宗览表后，立即以宋璟继卢怀慎，为吏部尚书兼黄门监。同时，有上疏称"怀慎忠清直道，终始不亏，不加宠赠，无以劝善"，玄宗下旨赐其家物100段、粟米200石。后二年，玄宗自洛阳回京城长安，途经卢怀慎旧居，"望墟落间，环堵卑陋"，家人正在斋祭，"悯其贫匮，赐绢百匹"。回到长安后即命中书侍郎苏颋为其撰碑文，玄宗亲自抄录后，立于坟前。

卢怀慎虽然被称为"伴食宰相"，却始终未忘自身的职责——吏治问题。中宗时陈时政三疏，论地方吏治之弊。其后分司东都选官之事，成绩显著，入朝拜相，仍知吏部事，直至致仕，临终遗表，谈的还是择官、用贤。

故事感悟

在一生致力于吏治的同时，卢怀慎本人处淤泥而不染，始终以"清俭"自守，成为唐代大臣中"清勤"的典范之一。

史海撷英

卢怀慎上三疏

臣听说"善人治理国政持续到一百年，可以克服残暴免除杀戮"。孔子说："假若用我主持国家政事，一年就差不多了，三年便会很有成绩。"所以《尚书》说："每隔三年就要考核政绩，经过三次考核就决定提拔表彰或罢免惩罚。"昔日子产为郑国宰相，变更法令，颁布刑书，第一年众人怨怒，想杀他，三年后众人感德而歌颂他。子产是贤人，他治理国家尚且需要三年才有成绩，何况平常的人呢？最近州刺史、长史司马、京畿都畿县令或者一二年，或者三五个月就迁官，而不论政绩。这样就使没有迁官的人倾耳而听，跂足盼望，争相冒进，没有廉耻，还哪有闲暇为陛下宣布风化、抚恤民众呢？礼义不能施行，户口更加流散，仓库越益匮乏，百姓日见凋敝，都因为这个缘故。民众知道官吏任职不长，便不听从他的教导；官吏知道迁官日期不远，也就不竭尽他的气力。地处爵位而偷安，用来养成资历声望，虽然圣明君主有勤劳治理天下的志向，然而侥幸的道路已经开启，上下之间互相欺骗，怎么能尽力做到至公呢？这是国家的疾病。贾谊所说的脚掌反转不能行，是小小的毛病，这个病不治好，虽有名医也将不能治。汉宣帝考核名实，大兴治理，致使风俗向化。黄霸是优良的太守，宣帝对他加官秩赐黄金，就地表彰他的政绩，但终于不肯将他迁官。所以古时担任官吏的，以至能延长到子孙。臣请求都督、刺史、长史司马、畿县县令任职不满四年，不能迁官。如果治理得特别优异，或者可以加赐车马袭服俸禄官秩，派使节慰问，下诏书劝勉，须等到有公缺，再提拔上来，以鼓励治理有才能者。对那些不称职或贪婪暴虐的人，则免官放归乡里，以表明赏罚的信义。

昔日"唐尧、虞舜稽考古事，建立官职，只有百名官员"，"夏朝、商朝官吏加倍，还能够任用才能之士"，这是说减省官吏。因此说："官员不必完备，只在他的才能"，"不要荒废百官职务，上天设立的官职，由人来代行"，这里讲的是选择人才。现在京师各官司员外官多出数十倍，是近代以来没有过的事。若说官员不必完备，这就是多余；若说人能代行天职，这些人却大多不掌事务，然而俸禄的支出，一年达亿万之巨，白白空竭了府库的储藏，这难道是求得治理的本意吗？现在民力极其凋敝，在黄河渭水扩大漕运，也不足以供给京师，公室私家损耗无数，边境尚不平静。如果水旱成了灾害，租税收入减少，边境出现敌情警报，赈救的谷物储量不足一年，陛下将用什么来解决危难呢？"不要轻易使用民力，这会使人危难；不要安于其位，因为这很危险。"这是说要谨小慎微。审查这些员外官员是否都是当世有才干的良吏，因才能提拔他们但不发挥他们的作用，用名位尊敬他们但不竭尽他们的才力，从过去以来，使用人才难道是这样吗？臣请求将那些员外官中有才能可以担任地方长官或高级僚佐的官员，一并加以升迁，让他们在地方上出力，由朝廷核查他们的政绩。若有年老有病不能任职的，一切停罢，使得贤者与不贤者能截然分开，这就是当前的迫切事务。

争恩宠，贪贿赂，欺侮鳏夫寡妇，这是政事中的祸害。臣见朝廷内外官员中有贪污受贿、声名狼藉，以及残害平民的官员，虽然被流放贬官，但很快就升迁回来，仍然做地方长官，被委任在江淮、岭南、沙漠地方，只是粗略表示一下惩罚贬斥。他们自暴自弃，贪财聚敛不顾其身，到底也没有悔改之心。圣明的君主对于万物应该平分恩泽没有偏向，用有罪的官吏治理远方，等于是给奸人恩惠而遗弃了远方的民众。远方州郡，哪点辜负了圣明教化，要单独承受这种恶政呢？边境地方夷族与华人杂居，恃仗险要依靠路远，容易扰乱而难于安定。如果长官没有治理的才能，就会使平民流亡，起事成为盗贼。由此说来，平凡之才都不可用，何况奸猾的官吏呢？臣请求因贪赃而被停罢官职的人，罢官不到数十年，不得赐恩录用。

柳宗元克勤尚俭

柳宗元（773—819），字子厚，世称"柳河东"。祖籍河东（今山西省永济市）。唐代宗大历八年（773年）出生于京都长安（今陕西省西安市）。因官终柳州刺史，又称"柳柳州"。唐代文学家、哲学家、散文家和思想家，与韩愈共同倡导唐代古文运动，并称为"韩柳"。刘禹锡与之并称为"刘柳"，王维、孟浩然、韦应物与之并称为"王孟韦柳"。与唐代的韩愈和宋代的欧阳修、苏轼、苏洵、苏辙、王安石、曾巩并称为"唐宋八大家"。

唐代的文学家柳宗元体恤民生疾苦，一生勤劳节俭，特别是开发岭南、造福岭南人民的故事更是千古流传。

柳宗元出身于官宦家庭，少有才名，早有大志。早年为考进士，文以辞采华丽为工。贞元九年（793年）中进士，十四年登博学宏词科，授集贤殿正字。一度为蓝田尉，后入朝为官，积极参与王叔文集团的政治革新运动，迁礼部员外郎。永贞元年（805年）九月，革新失败，贬邵州刺史。十一月，柳宗元加贬永州司马（任所在今湖南省永州市零陵区）。在此期间，写下了著名的《永州八记》(《始得西山宴游记》《钴姆潭记》《钴姆潭西小丘记》《小石潭记》《袁家渴记》《石渠记》《石涧记》《小石城山记》)。元和十年（815年）春回京师，又出为柳州刺史，政绩卓著。宪宗元和十四年十一月初八（819年11月28日）卒于柳州任所。刘禹锡、白居易都是他的好友。

唐宪宗时期，已经43岁的柳宗元再度遭受打击，被贬到荒凉遥远的广西柳州做刺史。当时的柳州，古树参天，杂草丛生，毒蛇猛兽，比比皆是。生活在这里的壮族百姓，生产力低下，文化落后，迷信活动盛行，生活极端贫困。柳宗元上任后，一面改革落后习俗，一面带领百姓，勤耕垄亩，发展生产。

当时的柳州，荒地很多，柳宗元就组织闲散劳力去开垦。他教人们在被开垦的田地上种菜、种稻、种竹、种树。仅大云寺一处就种竹3万株，开垦菜地百畦。他还很重视植树造林，自己亲自在柳江边上栽柳树，到柳州城西北种甘树。

除亲自动手种植中草药外，柳宗元还亲自采药、晒药、制药，研究药的功效。他还常常拿自己做试验，认识药性和药效，还向人们宣传防病治病的知识。

当时，柳州民间流传着"三川九漏"的说法，柳州人不敢破土打井，因此，人们不得不用各种器皿去背江水饮用，路途遥远，十分艰难。柳宗元动员百姓破除迷信，并亲自动手带领大家破土打井。从那以后，柳州人才吃上井水。在柳宗元的教化下，柳州人还学会了养鸡、养鱼、修造船只等本领，逐渐改变了落后面貌，出现了人人劳作、勤耕垄亩、宅有新屋、步有新船的新景象。

柳宗元做柳州刺史四年，一心恤民奉公，自己生活却很凄苦。虽为一州之长，死后却无钱料理丧事，还是朋友相助，才得以归葬先人

之墓。

为了怀念这位刺史，柳州人民为柳宗元在罗池立庙，奉他为"罗池之神"。这座庙至今还矗立在柳州市的柳侯公园里。

故事感悟

身为官员，仅仅个人勤俭劳作还是不够的。不管是少年时还是入仕后，柳宗元都能做到勤俭自律，身体力行，带头为百姓谋福利，不愧是百姓景仰的一代贤人！

史海撷英

柳宗元出仕

贞元九年（793年）春，20岁的柳宗元考中进士，同时中进士的还有他的好友刘禹锡。贞元十二年（796年），柳宗元任秘书省校书郎，算是步入官场。这一年，他与杨凭之女在长安结婚。两年后，中博学宏词科，调为集贤殿书院正字，得以博览群书，开阔眼界，同时也开始接触朝臣官僚，了解官场情况，并关心、参与政治。到集贤殿书院的第一年，他便写了《国子司业阳城遗爱碑》，颂扬了在朝政大事上勇于坚持己见的谏议大夫阳城。第二年写了《辩侵伐论》，表明坚持统一、反对分裂的强烈愿望。

贞元十七年（801年），柳宗元调为蓝田尉，两年后又调回长安任监察御史里行，时年30岁，与韩愈同官，官阶虽低，但职权并不下于御史。从此，柳宗元与官场上层人物交游更加广泛，对政治的黑暗腐败也有了更深入的了解，逐渐萌发了要求改革的愿望，后来成为王叔文革新派的重要人物。

捕蛇者说

（唐）柳宗元

永州之野产异蛇，黑质而白章，触草木，尽死；以啮人，无御之者。然得而腊之以为饵，可以已大风、挛踠、瘘疠，去死肌，杀三虫。其始太医以王命聚之，岁赋其二，募有能捕之者，当其租入。永之人争奔走焉。

有蒋氏者，专其利三世矣。问之，则曰："吾祖死于是，吾父死于是。今吾嗣为之十二年，几死者数矣。"言之，貌若甚戚者。

余悲之，且曰："若毒之乎？余将告于莅事者，更若役，复若赋，则何如？"

蒋氏大戚，汪然涕曰："君将哀而生之乎？则吾斯役之不幸，未若复吾赋不幸之甚也。向吾不为斯役，则久已病矣。自吾氏三世居是乡，积于今六十岁矣，而乡邻之生日蹙，殚其地之出，竭其庐之入，号呼而转徙，饥渴而顿踣，触风雨，犯寒暑，呼嘘毒疠，往往而死者相藉也。曩与吾祖居者，今其室十无一焉；与吾父居者，今其室十无二三焉；与吾居十二年者，今其室十无四五焉。非死则徙尔，而吾以捕蛇独存。悍吏之来吾乡，叫嚣乎东西，隳突乎南北，哗然而骇者，虽鸡狗不得宁焉。吾恂恂而起，视其缶，而吾蛇尚存，则弛然而卧。谨食之，时而献焉。退而甘食其土之有，以尽吾齿。盖一岁之犯死者二焉，其余则熙熙而乐，岂若吾乡邻之旦旦有是哉！今虽死乎此，比吾乡邻之死则已后矣，又安敢毒耶？"

余闻而愈悲。孔子曰："苛政猛于虎也。"吾尝疑乎是，今以蒋氏观之，犹信。呜呼！孰知赋敛之毒有甚是蛇者乎！故为之说，以俟夫观人风者得焉。

江 雪

（唐）柳宗元

千山鸟飞绝，万径人踪灭。
孤舟蓑笠翁，独钓寒江雪。

马皇后不忘勤俭

马皇后（1332—1382），安徽宿州人。汉族。"有智鉴，好书史"。她早年丧母，被郭子兴夫妇收养为义女。郭子兴任农民起义军元帅时，马氏嫁给了英勇善战的朱元璋。1382年（洪武十五年），50岁的马皇后病逝，临终嘱咐朱元璋"求贤纳谏，慎终如始"，并愿"子孙皆贤，臣民得所"。

安徽凤阳是明太祖朱元璋发迹的地方，至今还流传着"说凤阳、道凤阳，凤阳是个好地方，不仅出了个朱洪武，还有一个贤德的马皇娘"的歌谣和民间故事。朱元璋是中国历史上一位杰出的皇帝，在历史的舞台演出了一幕幕惊人的话剧，令人难忘。然而在后台，还有一位不应被遗忘的人，她和朱元璋同甘共苦，终身相伴，给朱元璋的霸业以很大的辅助和影响。她就是埋葬在凤阳明东陵的马皇后。

作为皇后，马氏确实像朱元璋在洪武元年（1368年）封功授爵的典礼上所称赞的："皇后出身布衣，和我同甘共苦，创业天下，她的内助之功极大。"她一心一意关心、辅助丈夫治理新诞生的国家，同时又非常勤劳地治理内宫和教育子女。

她每日起早贪黑，亲自带领、督促内宫妃妾们治女活，从不懈怠。她常告诫内宫妻妾、王妃公主："无功受禄，是造物主所憎恶的事。我们这些后妃妻妾，受用着山珍海味、锦绣衣裳，却终日悠闲无所作为，这岂不违背了造物主的意志？因此，我们应该勤劳治女活，报答造物主的恩宠！"

她严格地教育自己生的五个儿子，希望他们将来一个个都成为正直有为的人，因而经常督促他们学习为人和治国的道理。她常对皇子们说："你们的父亲出身穷苦，能成为万民之主，治理国家，为人民求太平，也是勤学的结果。你们后辈小子，更应当勤奋好学，不要辱没了你们尊贵的出身！"她还教诲他们为人要仁爱忠厚，同情贫苦的人民。她经常把农民种庄稼的辛苦、下层人民生活的艰难告诉给皇子们，要他们关心人民疾苦，戒除自己的骄纵。每见织工纺织时剩下的零头、断线，她总是让她们收集起来，织成布匹，制成衣服赐给各王妃、公主，并告诫她们："生长在富贵中，应当知道农妇种桑养蚕的艰难不易。"

每逢各地有灾荒，马皇后就率领宫人们食蔬，不肯服用带腥美食。朱元璋劝说道："已发送粮食去救济那里的灾民，皇后不必过于忧心。"平时，马皇后经常问太祖："百姓们是否安居乐业？"她还说，"皇帝是天下之父，我作为皇后，便是天下之母。赤子们若不能安生，我们做父母的，又如何能心安理得呢？"

马皇后平时居家，总穿一身粗布衣服，虽已破旧也舍不得换。每次制作衣服的零布，她都收集起来，做成被褥。她常说："身处富贵，应为国家爱惜财物。随便丢弃，毁坏东西，是古人深以为戒的！"有人对她说："皇后，您身为天下至富至贵，又何必舍不得这些小东西呢？"

马皇后严肃地说："我听说古代后妃都是因富而节俭、贵而勤劳才被史籍称誉的。做人最不应该忘记的是勤俭，不应仗恃的是富贵。勤俭之心一动摇，灾难就随之而来了。我每想到这些，就不敢忽视这些生活小节。"宫女们听了，无不叹服；嫔妃们听了，都十分感动，纷纷颂扬马皇后的美德。

■故事感悟

"一分一毫当思来之不易，半丝半缕恒念物力维艰"。马皇后身处富贵却依然勤劳节俭，不奢侈浪费，当为天下人的表率。她这种爱民如子、勤劳节俭，以天下苍生为己任的品质值得敬佩！

■史海撷英

马皇后救宋濂

洪武十三年（1380年），知制诰宋濂因长孙宋慎陷入胡惟庸党案而获罪，朱元璋要将他处以极刑。宋濂是明朝开国"文学之首臣"（朱元璋《高皇帝御制文集·赠翰林承旨宋濂祖父诰》），又是太子的师傅，这时他已告老还乡，与胡党毫无牵涉。朱元璋搞胡党扩大化，宋濂眼看要遭殃，马皇后及时出面救援，她说："老百姓请一位先生，还知道终生不忘尊师的礼节；再说他致仕回籍，京中的事必定不知道，可别冤枉了他。"但朱元璋一心惩办胡党，不听马皇后的劝告。一次，马皇后陪丈夫吃饭，不喝酒，也不吃肉，朱元璋问她为什么不吃不饮，她说："听说宋先生获咎，我不近荤酒，为他祈福，希望他免祸。"听了这番话，朱元璋动了恻隐之心，饭也不吃了，第二天就赦免了宋濂的死罪。

凤阳花鼓

凤阳花鼓又称"花鼓""打花鼓""花鼓小锣""双条鼓"等，是一种集曲艺和歌舞为一体的民间表演艺术，但以曲艺形态的说唱表演最为著名，一般认为形成于明代。

凤阳花鼓主要分布于凤阳县燃灯、小溪河等乡镇一带。其曲艺形态的表演形式是由一人或二人自击小鼓和小锣伴奏，边舞边歌。历史上艺人多以此为出门乞讨的手段，凤阳花鼓因此而传遍大江南北。清康熙、乾隆年间，许多文人的诗文记录了凤阳花鼓表演时载歌载舞的热闹场面。清中期以后，舞蹈因素逐渐从民间的凤阳花鼓中淡出，仅剩下唱曲部分，分为"坐唱"和"唱门头"两种形式。

凤阳花鼓早期演唱的曲目多为当时的"时调"，主要有《凤阳歌》《鲜花调》《王三姐赶集》《秧歌调》等，每一首都被广泛传唱。随着历史的发展，凤阳花鼓的鼓、鼓条乃至击鼓方法都在不断变革。20世纪50年代初，新文艺工作者对凤阳花鼓加以改革，采用了一些新的表现手法，剔除了小锣，专用小鼓伴奏演唱。同时根据击鼓用的鼓条特征，将其改称为"双条鼓"。

第二篇
勤而自勉利国利民

王震参加军民劳动

王震（1908—1993），湖南浏阳人。1924年参加革命。1927年加入共青团，同年转入中国共产党。1929年参加中国工农红军。1988年当选为中华人民共和国副主席。曾任中日友协名誉会长、中国国际友好联络会名誉会长、中国残疾人福利基金会名誉理事长。是中共第七届中央候补委员，第八至十届中央委员，第十一、十二届中央政治局委员，第十三、十四大代表，第一至五、七届全国人大代表。

抗日战争进入相持阶段后，由于日军残酷"扫荡"和国民党军队的包围封锁，加之连年自然灾害，根据地财政经济出现了极大困难。为战胜困难，党中央提出了"自力更生、艰苦奋斗"的方针，决定发扬勤劳节俭、埋头苦干的精神，动员敌后各抗日根据地党政军民，开展大生产运动。

1941年春，八路军第一二〇师第三五九旅开赴南泥湾。在王震旅长亲自率领下，全体将士搭起帐篷，挥舞镢头，开荒种地，掀起了轰轰烈烈的大生产运动。

王震旅长总是身先士卒带头劳动。有一天，他挑着担子，嘴里哼着陕北小调，给地里的战士们送水。王震脚步飞快，当他走下陡坡的时候，一不小心滑了一下，把脚扭伤了。但他仍然忍着痛，平稳地把水桶放了下来。王震的脚扭伤得很厉害，经过医生的治疗，一星期之后才消肿。

在养伤期间，王震仍十分惦念大生产的情况，经常听生产进度的汇报，还再三嘱咐把那段路修好，以便于同志们行走。干部和战士们都很受感动和鼓舞，他们个个精神抖擞，干劲倍增。在王震旅长养伤期间，开荒种地的进度更快了，大生产运动进行得更加热火朝天。

王震带头参加劳动的模范行动，有力地鼓舞了正在南泥湾大生产运动中奋战的千军万马，三五九旅的全体将士用勤劳的双手改变了南泥湾这片荒原。到1943年，开荒已达13.8万亩，草莽丛生的南泥湾被建设成了陕北的江南，这片昔日的荒山野地也变成了陕北的米粮仓。他们一手拿枪，一手拿锄，一面打仗，一面生产，减轻了人民的负担，改善了人民的生活，使解放区军民度过了严重的困难时期，为争取抗日战争的胜利奠定了物质基础。

■故事感悟

王震将军能够身先士卒带头参加劳动，例行勤俭，领导解放区军民度过了严重困难时期。这种南泥湾精神，就是延安精神的具体体现，是我党、我军和我国人民的一笔宝贵的精神财富。

■史海撷英

中原突围

抗日战争胜利后，武汉成为国民党军从大后方进军华东、华北和东北的战略枢纽。为了抢夺抗战胜利的果实和部署进行内战的兵力，蒋介石调集了20多个师，加紧包围和蚕食中原解放区，并先后占领鄂中、鄂西、鄂东、鄂南、豫中、豫西等地，企图消灭中原军区的部队，打通国民党军向华东、华北和东北进军的通道。

中原军区部队的成功突围，打破了国民党军苦心经营半年之久的封锁和包围，胜利地完成了战略转移的任务。这一行动不仅粉碎了蒋介石消灭中原军区部队的企图，而且牵制了国民党军30多个旅的兵力，并将其大部调往豫西、陕南，从战略上有力地配合了其他解放区的作战。

彭雪枫深夜编草鞋

彭雪枫（1907—1944），中国工农红军和新四军杰出的指挥员、军事家。投身革命20年，出生入死，南征北战，智勇双全，战功卓著，被毛泽东、朱德誉为"共产党人的好榜样"。

彭雪枫，河南南阳人，是共产党老一辈无产阶级革命家，1944年9月11日牺牲于淮北前线。彭雪枫生长在一个农民家庭里，穷苦的生活使他从小就养成了艰苦奋斗、勤劳节俭的好习惯。

红军胜利地结束了举世闻名的二万五千里长征，刚会师于陕北的时候，物资补给非常困难，特别是战士们都没有鞋穿。因为交通不便，加上敌人的封锁，有钱也买不到东西。当时虽是数九寒天，部队中很多人还是光着脚。为了克服困难，减轻人民负担，任红军第一军团第四师政治委员的彭雪枫号召大家自己学打草鞋。

一天晚上，师部通信班长姜国华担任内卫值班。当他走到师首长住的院子附近时，在淡淡的月光照耀下，发现杏树下坐着一个人，两只手不停地活动。他很诧异，心想，这是谁？为什么深更半夜还不睡觉呢？于是，他紧了紧手中的枪，轻轻走了过去。仔细一瞅，原来是彭雪枫政委正在打草鞋。他忍不住说："政委同志，你整天工作，晚上该好好休息休息。鸡已叫了好几遍，天都快亮了，快去休息吧。你穿的草鞋，让我们来打。"彭雪枫却不听这一套，仍是不停地打着手里的草鞋。停了停，他说："白天不能用工作时间来办私事呀！姜国华同志，你想想，我是一个领导者，如果光动员下级打草鞋克服困难，自己不以身作则，那不是言行不一致吗？不行，我们共产党人，说到就要做到，否则就会脱离群众。"

第二天早晨，地上下了一层薄薄的霜，师直属部队照例到操场集合出早操，彭雪枫也出现在操场的中央。几百双眼睛，几百束钦佩和赞誉的目光，都在盯着他脚上穿的那双崭新的草鞋。

后来，彭政委月下打草鞋的故事就在师直属部队传开了。在彭雪枫的带领下，全师掀起了一个打草鞋的热潮。不到一个星期，部队没鞋穿的困难就克服了。

彭雪枫同志一生俭朴，直到他牺牲时，陈列在灵堂里的还是他那床补了补丁的破被子。

■故事感悟

勤劳自古就是中华民族的传统美德。彭雪枫同志身为领导能够以身作则，带头勤俭，在艰苦环境下自给自足，体现了一个共产党人艰苦朴素、勇克困难的优良品质。

■史海撷英

八里庄战斗

新四军在豫皖苏边区八里庄反击国民党顽固派军队进攻的战斗。1944年9月10日，中国共产党中央军事委员会发出关于击破豫东、淮北国民党顽固派军队两路夹击我军计划的指示，命令新四军第四师西进部队在萧（县）永（城）夏（邑）地区准备迎击来犯之顽军。9月11日，第四师西进部队在河南省夏邑县东八里庄与国民党苏北挺进军第二十八纵队第八十二支队1000余人展开激战，毙其85人，伤其20人，俘第四支队支队长李光明、副支队长李良五、程青山以下官兵564人，缴获轻重机枪30挺、掷弹筒3具、长短枪696支。另有顽军300余人投诚。新四军亡4人，伤25人。第四师师长彭雪枫在战斗即将结束时中流弹牺牲。

■ 文苑拾萃

《拂晓报》

1938年9月30日由新四军游击队在河南确山竹沟镇创刊。1939年12月以后，曾先后由新四军第六支队、八路军第四纵队和新四军第四师政治部主办。报纸是四开四版油印，初为不定期刊，后改为三日刊。主要编辑人员有阿乐、单斐、易和、庄方、陈阵等。四师师长彭雪枫是该报的创始人和领导人。1942年元旦，《拂晓报》和中共淮北区党委机关报《人民报》合并，成为中共淮北区党委的机关报。1946年夏出至100期后，根据中共中央决定，改名为《雪枫报》，以纪念1944年9月在河南作战牺牲的彭雪枫同志。

老红军李承祖勤劳为民

　　早年参加红军跟随党中央毛主席走完了二万五千里长征的李承祖，不讲功劳，不要待遇，于1959年离开部队，把行李背回了阔别多年的家乡。

　　第二天，他就到公社去报到。年轻的公社书记在满头花发的革命长辈面前，面有难色地说："老李，您看您想做什么工作？"

　　李承祖爽快地说："一切听从党安排！"

　　公社书记想了想说："公社鲜鱼加工场，您愿意去吗？"

　　李承祖笑呵呵地回答说："我从小生在水乡，知鱼性，识水情，合适，合适。"

　　从这天起，李承祖就担任了鲜鱼加工场的场长。他这个场长并不把自己关在办公室里发号施令，而是每天这儿走走，那儿看看，很快就掌握了场内的生产情况。

　　几天过去了，他开始对加工场的工作进行改进：鱼缸要分类排队，晒鱼要大小分开，晒鱼和收鱼都必须注意卫生等。他也每天都参加加工场里的劳动，剖鱼、刮鳞、盐腌，样样在行，而且干得比别人还快。大家都说："他呀，还是当年红军那个样，劳动本色没有丢！"

　　后来鲜鱼加工场停办了，他又去澹水河上摆渡。站在澹水河边，他想起了当年和战士们划着竹排抢渡金沙江的情景，心里想，那时是为了革命胜利而"抢渡"，如今是为了人民方便而"摆渡"，一定要拿出当年的劲头，撑好这只船，不能让人民感到有一点不便。

李承祖撑船极为尽心，后来干脆把铺盖也搬到了船上，还让老伴把饭送到船头。不论白天黑夜，不管刮风下雨，什么时候有人要渡河，他就什么时候把船划过来将人送到对岸。

越是节日来临，船就越忙，李承祖从不肯休息。1965年的中秋节，李承祖的孩子得病死了，他把孩子安葬后，就含着眼泪上了船。下午他的姐姐来了，老伴几次催他回去，可他只顾在河中往返划船，直到两岸不见一个人影才回家。

在这条河上，在这只木船上，深受人们尊敬和爱戴的李承祖勤勤恳恳，兢兢业业，送走了一个又一个寒暑，在风风雨雨中，一摆渡就是5个年头。有人扳着手指算了一下，这5年间他渡送客人达20万人次，在水上走了2.5万多里路。

人们都称赞李承祖，说他在社会主义建设的征途上又走了一个新的"二万五千里长征"。

■故事感悟

李承祖能够五年如一日，勤勤恳恳地为人民服务，他的这种精神令人敬佩。长征精神在任何时候都不能丢，都要发扬光大！

■史海撷英

长 征

中国工农红军主力从长江以南各革命根据地向陕甘革命根据地会合进

行战略转移。1934年10月，中央红军主力离开中央革命根据地开始长征。同年11月和次年4月，在鄂豫皖革命根据地的红二十五军和川陕革命根据地的红四方面军分别离开原有根据地开始长征。1935年11月，在湘鄂西革命根据地的红二、六军团也离开根据地开始长征。1936年6月，第二、六军团组成第二方面军。同年10月，红军第一、二、四方面军在甘肃会宁胜利会合，结束了长征。其中红一方面军长征历时一年，转战十一个省，最远行程约二万五千里。长征的胜利，表明中国共产党和中国工农红军是一支不可战胜的力量。

■文苑拾萃

长 征

1935 年 10 月　毛泽东

红军不怕远征难，万水千山只等闲。
五岭逶迤腾细浪，乌蒙磅礴走泥丸。
金沙水拍云崖暖，大渡桥横铁索寒。
更喜岷山千里雪，三军过后尽开颜。

战斗英雄郅顺义

郅顺义（1918—2005），出生于河北丰宁县一个穷苦农民家庭。1947年参加中国人民解放军，次年加入中国共产党。在解放战争中，他历任战士、爆破组长、班长等职。1948年5月25日，在解放河北隆化的战斗中，他掩护董存瑞完成爆破任务，立大功一次。曾先后荣获"毛泽东奖章""勇敢奖章""艰苦奋斗奖章""模范奖章"等。1950年出席全国英模代表会议，被授予"全国特等战斗英雄"荣誉称号。

老英雄郅顺义是董存瑞的战友，也是一位战功卓著的战斗英雄，但他从不居功自傲。在和平建设时期，他又以普通劳动者的姿态出现。作为师级首长，他从不脱离劳动，越是艰苦的劳动，越是抢在前头。

在担任管理科副科长的时候，有一次，他带领一支小分队破冰打鱼。当时，正值数九隆冬，滴水成冰，天气十分寒冷。他一边指挥战士们破冰，一边挥动着冰穿子干得满头大汗。捞鱼的时候，防护手套不够用，他就把自己的手套给别人戴，自己却光着手干。手上沾的水被西北风一吹，结上了冰碴，两手都冻得又红又肿，不知有多疼呢。第二天，他照样又干了起来。郅顺义以自己的模范行动带动了全队战士，他们艰苦奋战了两个多月，终于圆满地完成了任务。战士们都说：和老英雄一起干活，我们浑身有使不完的劲。

郅顺义担任师后勤部副政委时，带领部队到某工厂执行任务。他很少坐在办公室中，而是经常深入车间，在车间里同工人一起劳动。有很多活儿他都很在行，因而，他与工人之间的感情很亲密。

不论担任什么职务，不论走到哪里，老英雄郅顺义都是亲自劳动带动大家。下厨房，他争着淘米做饭；到了养猪场，他抢着煮猪食、起猪粪；住在招待所，他主动打水扫地。勤劳节俭，埋头苦干，是他的革命本色。

熟悉郅顺义的干部和战士们都说："老英雄总喜欢和我们一起劳动，一点官架子都没有。"

■故事感悟

作为董存瑞的战友，老英雄郅顺义身先士卒，亲自带领战士们在劳动的第一线埋头苦干，他们身上都闪烁着无产阶级的革命光辉！

■史海撷英

解放昌黎

1948年9月，郅顺义所在部队担负攻克昌黎、切断北宁线、阻敌增援锦州的任务。昌黎火车站有座中心炮楼，周围有暗堡、鹿砦、铁丝网防卫，它居高临下，可以控制整个车站和周围地区。摧毁这座炮楼，对于夺取昌黎至关重要。时任六连七班长的郅顺义主动要求负责爆破中心炮楼。晚9时，战斗打响，郅顺义带领三名战士穿过敌火力封锁线，到达炮楼下。这时，他们发现迎面有个敌人端着枪走来，郅顺义迅猛扑过去，把对方的枪夺了过来，接着一个突刺，结果了敌人。然后连续进行了爆破，炸毁了中心炮楼，保障连队攻占了火车站。昌黎守敌仓皇逃跑时，郅顺义远远发现一股敌人钻进一座大院，就带领七名战士追击。这座大院四面都是高墙，只有两扇大门虚掩着。他命令战士们堵住大门，自己虚张声势地高喊："七班堵住大门，八班向左，九班向右，把院子包围起来！"随即一脚踹开大门，独自端着冲锋枪冲进院里，朝天打了一梭子，又从腰间拽出一颗手榴弹，把导火索套在手指上，厉声喊道："你们被包围了，解放军优待俘虏，缴枪不杀，不投降就统统炸死你们！"

敌人被郅顺义的英勇气势镇住了，一个个乖乖地出来投降。后来清点，共俘敌148人，缴获长短枪百余支。

离休干部当义务修理工

张玉楼，模范干部。山西五台人。1945年参加八路军。1948年加入中国共产党，曾任铁道兵学校排长、连长和实习工厂厂长，多次立功受奖。1970年离职休养，自愿回五台山区安家。他不顾病痛，义务参加家乡建设，自备工具，翻山越岭，为244个生产大队和当地群众修理农机具、缝纫机等。还自编教材，协助地方培训农机手800余人。曾被评为优秀共产党员、雷锋式的干部和建设社会主义精神文明标兵，立一等功。1983年，被中央军委授予"为共产主义奋斗不息的好干部"称号。

1970年，张玉楼因身体患有多种疾病，组织上决定让他离休。但他离而不休，自觉担当起义务修理工。在6年多的时间里，全县30个公社，他跑了29个；574个大队，他跑了314个，总共行程22300多里。其中步行8000多里，修理汽车、拖拉机，水泵、面粉机等农机310多台。还自费购买技术书、工具和添补新零件，花了630多元。在不到3年的时间里，他又给群众修理了各种牌号的缝纫机849台。

1974年清明节，张玉楼回老家扫墓。在离开父母墓地回到村子时，他意外地发现，村里有两台柴油机因没人修理，坏在那里不能用了。他决定去试一试。他拆开机器一检查，发现主轴瓦烧了，飞轮键槽损坏了。他就另开了两个槽，换了个主轴瓦，一试，机器转动了。修了两天半，把两台柴油机救活了。机器的转动声震动了全村，它又能磨米磨面了，全村人人欢欣鼓舞，个个都夸张玉楼是个动手能手。

张玉楼修好两台柴油机的消息传到了四邻八乡，附近的村庄都派人来请他修机器。这次回乡，张玉楼本打算住两三天就离开，结果因为修理机器住了近一个月才离开。

从此，张玉楼便不顾自己多病的身体，自觉担当起全县义务修理工的重担。五台县素有华北屋脊之称，五台山从北到南绵亘全县，高山连着峻岭，陡壁围着群峰，大部分村庄坐落在高山和山沟里，交通很不方便，有的村子要翻过几座大山才能到。张玉楼在战斗中负过伤，还患有胃病，得过肝炎、大肠出血。但他不顾自己的身体，背着工具箱，爬山越岭，走村串队，为群众修理机器。他发扬战争年代那种拼命精神，足迹踏遍了五台县的公社、大队；他的汗水洒遍了五台县的乡土。他顶风冒雪，跋山涉水，饿了吃干粮，渴了喝山泉水，累了躺在山上歇一会儿……

他就是这样长年累月地在乡下工作，以实际行动为党、为人民作贡献！

□故事感悟

许多老革命做事不为名利，不为金钱，这是因为他们为自己树立了共产主义的人生观和价值观。就像张玉楼一样，哪怕环境再艰苦，他都能不畏险阻，坚持义务为人民做好事，充分体现出了一个无产阶级共产党人对事业的忠诚和对人民的关爱！

铁道兵的建设

1953年9月，中央军委决定组建铁道兵领导机关。9月9日，中央军委命令："志愿军在朝鲜的6个铁道工程师正式划归军委系统，与铁道兵团现有的4个师、1个独立团，统一编为中国人民解放军铁道兵。"从此，铁道兵正式作为一个兵种被列入中国人民解放军的序列中。

1953年12月25日，毛泽东专门接见了即将出任铁道兵司令员的王震，并亲笔为《铁道兵》报题写了"铁道兵"三个大字；1954年元旦，朱德也为《铁道兵》报题词："为建设正规化、现代化的铁道兵而奋斗！"1954年2月28日，中央军委主席毛泽东签发命令，任命王震为铁道兵司令员兼政治委员。3月5日，铁道兵司令部正式在北京成立，机关设司令部、政治部、工程部、后勤部、干部管理部和计划处、军法处、财务处。

铁道兵司令部成立时，编制10个师、1个独立团、1所学校、2所文化速成中学，兵力达到10万。铁道兵后来发展到3个指挥部、15个师、3个独立团、2所院校，总兵力达到40余万。

铁道兵司令部成立后，根据国家的经济实力和铁路修建的任务，中央军委又多次对铁道兵进行了扩编和缩编。

胡阿素积蓄献国家

1981年2月14日，上海牙膏厂党委按照退休老工人胡阿素的遗嘱，把她生前积蓄的价值一万多元的金条、首饰和人民币全部献给国家。人们纷纷称颂她留下了一颗金子般的心。

胡阿素出生在浙江宁波沿海一个渔民的家里，幼年靠打鱼织网为生。抗战前，她随丈夫到上海当了蚊香女工。后来，抗日战争爆发，工厂倒闭了，胡阿素的丈夫也失业了，她唯一的儿子患上了肺病，一家三口的生活重担都落到了她的肩上。她就像中国许许多多劳动妇女一样，用勤劳节俭的美德承担起了生活的重担。她每天要从事12个小时的工作，连吃饭也不停。每天吃饭，她总是带上一小袋米粉，忙里偷闲地吃上一口。尽管她这样拼命地干，还是不能养活一家。没过多久，她的儿子病死了，不久丈夫也在生活的煎熬中死去了。

新中国成立后，胡阿素开始了新的生活。中国劳动人民勤劳节俭的美德和长期的穷困生活，使胡阿素养成了节俭的习惯，她也开始有了积蓄。1955年，她光荣退休了，国家每月给她40.23元退休工资，并让她享受劳保待遇，她的生活终于安定了。这个苦了半辈子的女工，从心底里感谢党，感谢新社会。

胡阿素退休后，有的人劝她该享享福了，吃点儿、穿点儿，别再苦自己了。但她不这样想,她总是对别人说:"我有了今天,都是党和毛主席给的,我现在的生活要比旧社会好得多了,我现在很满足了。我现在用的钱都是国家给的,我要尽量节约,将来把多余的钱献给国家。"

她把富日子当穷日子过,生活俭朴到令人难以想象的地步。她那间8平方米的小屋里的东西都十分简陋,墙角放着几只板箱,糊在板箱上的纸由于年代久远已经黄得发红。紧靠着板箱的是一只旧得发黑的被柜,窗下放着一张小方桌,地板中央放着一把用各种绳线修补过的破藤椅,床上的被褥也都是补丁叠补丁的。在当时,无论是谁,见到这一情景都很难想象,拥有这一切的主人,同时拥有着万元存款。

和胡阿素住在一起的邻居们都说:"她真是不舍得吃、不舍得穿、不舍得用。"她住的房间墙上糊的纸因年久脱落,有人想帮她重新糊一下,当她知道要花好几元钱时,就婉言谢绝了。她平时也不大舍得吃荤菜,经常买些便宜的蔬菜吃;衣服不舍得买新的穿,总是缝缝补补将就着穿。她一生没有穿过尼龙袜,总是穿线袜,破了就补补再穿。1979年夏天,胡阿素中暑了,别人劝她买一台电扇,她不同意。经过多次劝说,才由厂工会主席帮她买了一台旧电扇。但用了几次,她觉得耗电太多,又不舍得用了。身体比较好的时候,她连自来水都不舍得用,大多都是用井水。她去世后,人们在她遗物中发现厂里50年代发给工人的防护用品三星牌蚊香、剪刀牌肥皂,都还没有用完。

对于胡阿素的这些做法,有些人感到不理解,说她是"守财奴""吝啬鬼"。但是,她心中早就有了主意。1971年,她得知自己患了癌症,想到自己的有生之年已经不多了,便请工会主席及各代表,委托他们代笔,立下了遗嘱。她的遗嘱是这样写的:"我在旧社会受的苦是诉不尽的,我现在(能)过(上)这样好的生活,心满意足了。毛主席比自己亲人还亲,我现在吃用都是国家给的,我多用一点是国家的损失。所以,我尽量省吃俭用，积蓄一点钱，放在银行里，到我死后，有多少全部交给国家，任何人不能拿。"至此，她过日子更是克勤克俭，把个人的开支压缩到了最低的限度，每月都有相当数量的钱存入银行。

1981年1月，她的病情加重了，她预感到自己的日子不多了，便把当年和自己一起做过工的姐妹、共居多年的老邻居和自己的外甥都叫到病床前，把自己一生的积蓄交代给大家。当人们打开箱子一看，都惊呆了，里面齐崭崭地放着一沓沓十元钱、一张张存折、一件件金饰品，价值一万余元。这些和她共患难过的姐妹们都流下了眼泪。大家知道，胡阿素积蓄这些钱是多么不容易，这都是一点一点从牙齿缝里抠出来的，是她一生的心血啊！胡阿素拉着姐妹们的手说："这是我的积蓄，金子是我省吃俭用在解放初期买的，现在都交给国家！"有个姐妹问她，你外甥待你这么好，你是不是留些钱给他？胡阿素老妈妈眼睛闭了闭，想了一下说："我遗嘱都写明了。"

■故事感悟

胡阿素虽然只是个普普通通的劳动妇女，说不出什么大道理，但她凭着朴素的阶级感情，用她认为最简单易行、切实有效的方式表达着自己对党、对社会主义的无比热爱。当年，她不能为唯一的爱子治病的时候，她没有想到将来自己会有这么多钱；后来有了钱，她首先想到的却是国家。从胡阿素的身上，我们看到了老一代工人阶级对党、对社会主义祖国的赤诚之心。

■史海撷英

邓小平南巡谈话

1992年1月18日至2月21日，邓小平视察了我国南方的武昌、深圳、珠海和上海等地，并发表重要谈话，强调我们必须坚定不移地坚持党的"一个中心，两个基本点"的基本路线，解放思想，实事求是，抓住有利时机，加快改革开放步伐，集中精力把经济建设搞上去，不断地把有中国特色的社会主义事业全面推向前进。邓小平的南方谈话，分析了当时的国际国内形势，科学地总结了党的十一届三中全会以来改革开放和现代化建设的基本实践和基本经验，从理论上深刻地回答了长期困扰和束缚人们思想的许多重大认识问题，是把改革开放和现代化建设推向新阶段的又一个解放思想、实事求是的宣言书。党中央认为，这篇谈话不仅对改革和发展具有十分重要的指导作用，而且对整个社会主义现代化建设事业，也具有重大而深远的意义。

■文苑拾萃

退休金

企业或事业单位职工或工作人员退休后一次或分次领取的服务酬劳的一部分。企业制订的退休办法，应有利于提高职工的劳动积极性，使其老有所依，对社会的安定和提高企业效益均有益处。

商务印书馆《英汉证券投资词典》解释：退休金亦为养老金。由政府、公司、金融机构等向因年老或疾病失去劳动能力的人按月支付的资金，作为生活来源，由失去劳动收入者定期领取。养老金本着国家、集体、个人共同积累的原则积累、运作。当人们年富力强时，所创造财富的一部分被投资于养老金计划，如美国的401（K）、加拿大的RRSP等，以保证老有所养。

赵春娥节煤为国

赵春娥（1935—1982），河南偃师人。中共党员，全国劳动模范。

赵春娥出生在河南省偃师县赵家岭的一个农民家庭，1966年到洛阳市老集煤场工作。在平凡的工作岗位上，她一直战斗到生命的最后一刻，作出了不平凡的业绩。1983年2月12日，国务院决定授予赵春娥"全国劳动模范"称号。

煤场的活，一年到头同黑煤打交道，灰眉乌眼，又脏又累。一些人嫌弃"煤黑子"，借故托关系调走了，赵春娥却甘之如饴。她说："轻活重活都得有人干。煤场虽脏，工作虽累，但它联系着千家万户。谁家能不烧煤？谁家能不吃饭？只要工作需要，我情愿在煤场干一辈子！""七十二行，行行都和社会主义建设紧密相连，哪一行都得有人干。咱把后勤工作搞好了，让科学家集中精力搞科研，让工人精神饱满搞生产，也是为社会主义作贡献！"

1971年，赵春娥负责在车站看守煤堆。不管严寒酷暑，还是刮风下雨，她都是提前到现场，用一把铁锹、一把扫帚，帮着装车，清理煤场。她把煤底扫得干干净净，即使撒落到道轨、碎石缝里的碎煤，她也用手一点一点地抠出来，十个手指都被碎石磨出了血。有人计算，她在车站看煤两年，共扫出土煤50多吨。有些想占小便宜的人挖苦她说："你扫得比舌头舔得还干净，下辈子还让你扫煤底！"她说："国家的煤我就要扫干净。有我在，就别想占国家的便宜。"

1979年，党中央号召全国职工增产节约，公司党委要求全公司每个职工全年节约50元，赵春娥却给自己提出了一个全年节约200元的目标。有人怕她完不成，问她："春娥，你用啥办法节约这么多？"春娥说："办法在于人找。我说到就能办到。"

为了完成这个目标，她挖残煤、扫煤底、洗油线、捡破烂、修脸盆、送煤收费运费交公等，千方百计点滴节约。

老集煤场制造蜂窝煤，经常既要运进煤，又要运进土，撒在地上人踩车碾，天长日久，地下一层土一层煤，成了夹馅的"花卷儿"。这年要盖房子了，她想：将来盖起房子，地基下的这些煤不就白埋在地下了？煤矿工人从地下把煤挖出来，运输工人把它运到城市，来得不容易啊！我们怎么忍心把它丢掉？当时已是严冬季节，北风呼啸，寒气逼人，煤场的房檐上挂起长长的冰凌，赵春娥却抢起镢头在地基处刨了起来。她挖一层，清一层，手掌磨出血泡，虎口震裂了，贴一块橡皮膏接着干。到了春节，人家都放假走亲访友，她还在煤场挖煤。在她的带动下，不少人自觉带上工具到煤场和她一起挖起来。这一次，光她一人挖出的煤就有21吨。

煤场排水沟里，雨天冲进煤粉，天长日久沉积了厚厚一层。炎热的夏天，赵春娥就利用午休下沟挖出煤浆，再拍成饼晒干送到打煤房。青年工人张桂琴见她的两腿被蚊子咬了一层疙瘩，心疼地说："大姐，看你的腿被蚊子咬成啥样了。"她淡淡一笑说："没事儿。"小张被感动得也和她一块挖起来。

擦机器用的油线，一斤值一块多钱，工人们用脏了就随手扔掉，赵春娥见了就捡起来，积少成多，然后洗净晒干重新使用。平时她还注意把丢在地上的废铁钉、废螺帽、废绳头捡起来，卖给废品收购站，所得的钱全部交给会计。

就这样，点点滴滴、斤斤两两地节约，凭着一颗赤诚的心，到年底一算账，她一共为国家节约了449元6角5分。

在工作中做出了这么大的贡献，赵春娥认为是应该的，她总感到国家对她的照顾太多，自己贡献太小。1981年底，赵春娥因病住院。出院时，口袋里装的是医院开的证明：丧失劳动能力，建议长期休养治疗。可当她知道住院用去900多元时，她哭了。她说："我们生产100块煤才2元多钱，这得生产多少煤才赚得回来！"

出院后的第二天，赵春娥强忍着病痛悄悄地来到车站卸煤的地方，继续清扫煤底，拣拾撒落的好煤，收集了足有两三吨，就通知煤场派人拉回去。接着，她又出现在煤场，爬上煤堆拣废旧物资。肝部疼得厉害，她就用锹把顶一阵，接着再干。就这样，她不顾病重和领导的多方劝阻，更加努力工作，直到生命的最后一息。

■故事感悟

赵春娥被人们誉为"工人阶级的好女儿""闲不住的实干家""为人民服务的老黄牛"。作为一名普通的煤场工人，她的行动表现出了一名共产党员勤俭为国、忘我奉献的伟大精神。

■史海撷英

赵春娥与煤场

赵春娥工作认真负责，惜煤如金，几十年如一日在车站看守煤堆，注意点滴节约，每天猫着腰用手将漏在石缝里的煤抠出来，十个手指经常磨得鲜血淋淋，硬是拣回150吨煤。她长期坚持干脏活累活，最后积劳成疾。面对病魔，她仍然带病工作，还坚定地说："我宁肯倒在煤堆上，决不躺在病床上！我喜欢煤场，也离不开煤场，死后将我的骨灰撒在煤场上，让我看煤。"她助人为乐，是出了名的"活雷锋"。在患癌症期间，她仍坚持为五保户、军烈属老人送煤、送粮、打扫卫生、操劳家务，被誉为"党的好女儿"。

■ 文苑拾萃

我国的煤炭储藏

中国煤炭资源丰富，除上海以外，其他各省区均有分布，但分布极不均衡。在中国北方的大兴安岭—太行山、贺兰山之间的地区，地理范围包括煤炭资源量大于1000亿吨以上的内蒙古、山西、陕西、宁夏、甘肃、河南六省区的全部或大部，是中国煤炭资源集中分布的地区，其资源量占全国煤炭资源量的50%左右，占中国北方地区煤炭资源量的55%以上。在中国南方，煤炭资源量主要集中于贵州、云南、四川三省。这三省煤炭资源量之和为3525.74亿吨，占中国南方煤炭资源量的91.47%；探明保有资源量也占中国南方探明保有资源量的90%以上。

2007年度，中国能源矿产新增探明资源储量有较大增加，17种主要矿产新增大型矿产地62处，其中煤炭新探明41处大型矿产地，资源储量超过10亿吨的特大型矿产地有14处，净增查明资源储量448亿吨。中国已经查证的煤炭储量达到7241.16亿吨，其中生产和在建已占用储量为1868.22亿吨，尚未利用储量达4538.96亿吨。

第三篇
自力更生勤劳致富

梁鸿白手起家成富户

梁鸿（生卒年不详），字伯鸾，东汉人。扶风平陵（今陕西咸阳市西北）人。王莽末，梁鸿幼年，跟随父亲寄居北地（在今甘肃庆阳西北）。东汉初，曾经在太学学习，后在上林苑牧猪。后来归隐平陵，娶孟氏女子，因妻子有德无容，为她取名孟光，字德曜。"举案齐眉"即说孟光对丈夫梁鸿的尊重，后以此来比喻夫妻之间相敬如宾。

东汉时期，吴国有位靠白手起家成为富户，后又成为东汉很有学问的人，他的名字叫梁鸿。梁鸿很小的时候，父亲就去世了，家里很贫穷。虽然家境贫寒，他却酷爱读书，凡读过的书都能通其词、解其意。一天晚上，他在柴火旁专心攻读，因火星蔓延引起火灾，将邻居家的一间房屋给烧着了。因为没钱赔偿，就把几头猪赔给了人家，可人家还不答应，梁鸿就主动赔身去帮人家干活。

梁鸿赔身后，每天从早到晚一刻不停地干活，晚上仍刻苦读书。这样，白天给人家做工，晚上读书，长年累月，从不间断。这家主人见梁鸿终日勤劳，有毅力，做事又一丝不苟，断定他日后一定会有出息，于是告诉他说可以走了，而且答应把赔的猪也退给他。梁鸿却坚持不要猪，只身回家了。

　　同县有个叫孟光的女子，家里比较富有，长得丑陋，可性格贤惠。家里给她说过许多婆家，都不中意，她决意要嫁给像梁鸿那样的男子。梁鸿感遇知己，完全不顾及孟光外貌的丑陋，欣然登门求婚，结果两人情投意合。但是，从孟光嫁到梁鸿家的第一天起，梁鸿却突然对孟光冷淡起来，整天闷闷不乐，硬是七天没有搭理孟光。到了第八天，孟光便来到梁鸿面前，询问自己犯了什么过失。梁鸿又冷淡又伤心地说："我原来以为找到你就遇到了知己，从此以后，我们两人志同道合，深居简出，勤俭持家，一心为事业而努力。而今想不到你却满身绣衣丽服，油头粉面，整天食鱼餐肉，竟是个爱打扮、奢侈的女子。这难道是我所期望的吗？"孟光听了，反而心里踏实了，她笑着说："我的这身打扮和整天在桌上的鱼肉，都是刻意考察你的志向的。"说完，孟光解开了系扎的发髻，换上了布衣麻履，利利索索干起活来。梁鸿见了大喜，指着孟光说："这才是我梁鸿希望的妻子！"

　　梁鸿和孟光成家后，夫妻恩爱，志同道合，男耕女织，不忘学业。

　　孟光把娘家陪送的嫁妆、首饰都卖掉了，换了钱，买了田地和织布用具，到吴国寄居在一户人家的堂屋下。白天梁鸿下地干活，辛勤耕作，有时还抽空去帮人家舂米挣钱；孟光在家洗衣做饭，织布打扫，把里里外外安顿得井井有条，不让丈夫为家务事分半点心。晚上梁鸿用过饭便埋头在堂屋的油灯下专心著书，苦苦攻读；孟光就陪他织布到深夜。他们粗茶淡饭，勤劳节俭，打下的粮食一粒粒地都收回家里，织成的布一匹匹地换成钱。不到三年的时间，梁鸿和孟光就有了自己的房子，又扩大了许多田产，由原来的一贫如洗变成了富户人家。

梁鸿最终成为东汉时期一个很有学问的人，孟光则被后人称赞为有德操的妇女典范。

■故事感悟

梁鸿和孟光举案齐眉的故事流传千古，他们的爱情在古代男尊女卑的社会也十分难得。更为可贵的是，两人男耕女织，靠着勤劳的双手和智慧的头脑过上了富裕的生活。梁鸿和孟光勤劳致富的美好品德都是我们后人应当学习的。

■史海撷英

梁鸿不幸的童年

梁鸿生于官宦之家，父亲梁让在王莽新政建立以前被封以修远伯的高爵。王莽好古成癖，登基后，认定一些人是三皇五帝、先贤哲人之后，分别赐予爵号，以显示自己的新朝能克绍先圣，弘扬仁德。王莽认为梁让是上古五帝之一少昊的后代，就封他为修远侯，封地在北地郡（今甘肃庆阳西北县马岭镇）内。然而王莽新朝短命，几年后，天下大乱，梁让举家逃难，途中他得病死去。梁让一死，昔日的官僚家庭就此衰落，成了一个赤贫户。那些宾客、仆人、僚属见自己的主子不在了，都纷纷抢掠财物，远走高飞另谋出路。梁鸿的母亲在无可奈何的情况下，只好丢下了年幼的梁鸿和尚未掩埋的丈夫的尸体，独自离开了梁家。少小的梁鸿顿时陷入举目无亲的状况，只得用一张破席草草地埋葬了父亲。战乱与家庭的变故给小梁鸿的心灵以极大的震撼。

世态炎凉，人情冷暖，也深深地刺痛了梁鸿的心，这些对他成年以后淡泊名利性格的形成有着很大的影响。

□文苑拾萃

五噫歌

（汉）梁鸿

陟彼北芒兮，噫！
顾瞻帝京兮，噫！
宫阙崔嵬兮，噫！
民之劬劳兮，噫！
辽辽未央兮，噫！

"铁姑娘"队二次创业

郭凤莲（1947—　），生于山西省昔阳县离大寨不远的武家坪村。3岁失去母亲，寄居在大寨村的姥姥家。1962年完小毕业后在大寨务农。1963年参加了大寨的抗灾自救，同当时的"铁姑娘"们一道投入到"先治坡后治窝"的劳动。1968年至1978年的10年间，她虽然在大寨工作，但身兼数职：大寨公社党委副书记、革委会副主任、中共昔阳县委委员、中共昔阳县委副书记、山西省革委会副主任。1977年当选为中共十一大代表、中央候补委员。1978年当选为五届全国人大代表、人大常委会委员。2009年1月18日，荣获第七届中国十大女杰荣誉称号。

1964年，不满18岁的郭凤莲成为大寨铁姑娘队队长。在铁姑娘队的22名成员中，最小的只有14岁，最大的不过18岁。就是她们，在一场罕见的洪水冲毁了大寨的田地和房屋之后，和男人们一样，用自己的肩膀扛起了灾后重建家园的重任。这些和男人们一样承受苦难和繁重劳动的少女们，赢得了所有人的尊敬，人们都用"铁姑娘"来称呼她们。

对郭凤莲这个年轻的姑娘来说，最快乐的时刻是在参加劳动的一年之后。那个秋天，郭凤莲看着在废墟上重建的新居和40万斤粮食激动不已。她第一次感受到智慧和勤劳具有多么大的力量，并深深沉醉于艰苦创业带来的成就感中。更令她惊讶的是，大寨这个普通农村的名字开始频频出现在报纸、电台和先进事迹报告会上。

后来，郭凤莲被调离。1991年11月15日，在群众的呼吁声中，离开了11年的郭凤莲被任命为大寨村第八任党支部书记。再次回来的她已经44岁，但心里头仍然憋着一股劲儿。刚回到大寨不久的郭凤莲，读到了一篇报道——《东方风来满眼春》。在这篇改变了许多人思想和命运的著名文章中，郭凤莲被邓小平一系列精彩而深刻的话语所打动："社会主义的本质，是解放生产力，发展生产力，消灭剥削，消除两极分化，最终达到共同富裕。""计划多一点还是市场多一点，不是社会主义与资本主义的本质区别。"

这些话宛若闪电，驱散了郭凤莲心头的阴影，她终于在新的时代寻找到了新的历史逻辑：致富光荣，贫穷不是社会主义！

无论是自力更生还是艰苦奋斗，此时都有了新的意义，于是，郭凤莲开始带领大寨进行第二次创业。1992年春，郭凤莲和老劳模宋立英乘火车前往上海。在这个即将成为长江三角洲乃至整个中国经济领跑者的城市，郭凤莲了解到了很多新鲜事物，包括卡拉OK和咖啡。

创业难，二次创业更难，在没有任何经验的市场经济中二次创业则是难上加难，但曾经战天斗地的郭凤莲扛得起任何艰难。她走南闯北，卖煤炭，办水泥厂，请专家，学经营，学商业谈判。

走过了一段五味杂陈的创业路，郭凤莲逐渐得心应手起来。她甚至学会了品牌的有效扩张，在三家与外地的合资企业中，光是"大寨品牌"这一无形资产就占有25%以上的股份。

2007年，大寨村经济总收入达1.2亿元，比1980年增长了600倍，距离1992年郭凤莲在上海时的那个百万元梦想，大寨已经走得很远了。在郭凤莲的手上，大寨完成了从昔日"政治品牌"到今朝"经济品牌"的转身。

■故事感悟

天下之事有难易乎？为之，则难者亦易矣。郭凤莲创业时，一无经验，二无技术，但仅凭"勤劳"二字，一切都迎刃而解。勤乃万事之本，更是创业致富的先决条件啊！

■史海撷英

中国十大女杰评选

为牢固树立和全面落实科学发展观，大力弘扬社会主义荣辱观，加强实施人才强国战略，宣传、表彰在全面建设小康社会，构建社会主义和谐社会中作出卓越贡献的杰出女性，树立新时代妇女先进典型，激励广大妇女以她们为榜样，自强不息，艰苦奋斗，开拓创新，为社会主义现代化建设作出贡献，自1995年开始，全国妇联与《人民日报》《光明日报》《经济日报》、中央人民广播电台、中央电视台、《解放军报》《科技日报》《工人日报》、中国妇女报社、《农民日报》《法制日报》11家媒体联合举办中国十大女杰评选表彰活动。该活动每两年评选表彰一次，共产生70位女杰，181位提名奖。

中国十大女杰评选活动具有健全的组织机构和完善的评选制度，设立组委会、评委会、组委会办公室，设定候选人推荐、公示、评选等程序，

确保评选活动的公开、公正、公平。

自中国十大女杰评选表彰活动开展以来，所评选出的一大批杰出女性在社会上产生了重大而广泛的影响，对激励广大妇女为社会主义现代化建设事业不懈努力起到了重要的推动作用，对促进社会主义法制建设、政治建设、文化建设和社会建设具有重要意义。

"做一名最出色的小工"

郑裕彤（1925—2016），出生于广东顺德伦教镇。全球华人十大富豪之一，珠宝大王。曾任香港新世界发展有限公司及周大福珠宝金行有限公司主席，恒生银行有限公司独立非执行董事，亦为信德集团有限公司非执行董事及利福国际集团有限公司非执行主席。同时被誉为香港地产界四大天王之一。

他13岁那年，因为家境贫穷，背井离乡到了澳门一家金铺去做小工。他每天几乎都是第一个到公司，扫地、擦灰尘、倒痰盂、洗厕所……小工的工作琐碎而辛苦，但每一项工作他都做得一丝不苟。他总是在开店之前将地板拖得亮如明镜，将柜台擦拭得一尘不染，从不因为工作卑贱而懈怠，也从不因为工作脏累而抱怨。员工们纷纷表示，他到来之后，是金铺卫生最好的时期。

因为厕所被他打扫得过于干净的缘故，一天，一名没有吃早餐的员工躲到厕所里偷吃零食被金铺老板发现。老板并没有处罚那名偷吃零食的员工，而是将做小工的他叫到办公室，问他为什么对金铺最低级的小工工作能如此认真、用心。他紧张的脸涨得通红，嗫嚅了半天才说道：

"如果连小工都做不好的话，其他工作一定也做不好。"

老板笑了笑，让他出去了。此后，他仍旧每天尽职尽责地对待着自己的工作，并在工作之余帮助大工们打下手。渐渐地，他对金铺的其他工作也熟悉起来。

三年后，老实勤恳又上进的他被提升为金店掌管，老板在解释提升他的原因时说道："一个能够认认真真将厕所都打扫得可以让人躲进去吃零食的小工，做任何事情都会认真负责。"又三年后，金铺老板宣布将自己唯一的女儿嫁给他，他这时候才知道，老板和他的父亲是患难之交。在他的母亲怀他的时候，老板的妻子也恰好怀孕，他的父亲和老板那时候就为还没有出世的他同还没有出世的老板的女儿"指腹为婚"了。

这个人就是香港新世界集团创始人郑裕彤。有媒体采访郑裕彤，询问他成功的要诀时，他微笑着说道："做一名最出色的小工。"

■故事感悟

做一名出色的小工，因为连小工都做不好的人，也很难做好其他工作。而做好了小工的人，就有机会过好自己的整个人生。郑裕彤就是例子，他在打扫厕所的工作中展现出了珠宝般的工作态度，将小工的工作做得十分优秀，也因此为自己赢得了更多的机遇。

■史海撷英

"勤"和"诚"

成为亿万富豪的郑裕彤，在别人问起他的致富之道时，他说："我认为，'幸运'可能光临你一两次，但不可能终生都陪伴你。其实，人的一生，'勤'字才是最重要的，然后是'诚'字。只要有了这两点，你的事业就基本上奠定了。"

综观郑裕彤的发迹史，没有一个时期、没有一项业务不是靠"勤"和"诚"发展起来的。他总结了自己在生意和生活上的"二十三字处世箴言"：守信用，重诺言，做事勤奋，处世谨慎，饮水思源，不见利忘义。其中，"勤"是最核心的。在他一生中，差不多每天工作都在12小时以上。其余"守信用、重诺言""处世谨慎、饮水思源、不见利忘义"，其实讲的都是"诚"字。郑裕彤认为，摒弃投机手段，掌握有利时机，脚踏实地地做买卖，才是发家致富的根本。

■ 文苑拾萃

周大福珠宝金行

周大福珠宝金行始创于1929年，是一间信誉优良的珠宝公司。20世纪60年代，周大福由郑裕彤先生接手经营，其后他首创的千足纯金首饰，成为黄金首饰业的成色典范。周大福集团是郑裕彤及其家族拥有的一个实力雄厚的私人商业集团，集团总资产超过50亿美元，所经营的业务遍布全世界，合共雇用员工约8万人。

他把沙荒地变良田

陈洪恩（1914—1999），内蒙古赤峰人。15岁学毡匠手艺，1946年到当铺地村以制毡为业。1950年10月加入中国共产党，历任村长、农业社主任、人民公社社长、村党支部书记、党总支副书记、郊区人大常委会委员、郊区政协委员。1958年12月出席全国农业先代会，被授予全国劳动模范称号。1979年被辽宁省授予特等劳模称号。先后六次受到毛泽东、刘少奇、周恩来的接见，多次进京参加国庆观礼。1977年8月当选为中共"十一大"代表。1990年离休。

陈洪恩——全国著名劳动模范，六次受到毛泽东主席接见，中国共产党第十一次全国代表大会代表——这些闪烁着灼人光彩的荣誉，仅仅是陈洪恩追求的绿色人生中的一小部分。1999年4月，他带着对绿色的眷恋离开了我们，但人们永远记得，在85年的生命旅程中，他视荒芜为仇敌，与绿色结深缘。在付出与创造的旅途上，率领着他的乡邻们不懈奋斗、生生不息，终于在一片亘古沙滩上营造起一道道长城般引人瞩目的绿色风景线。

过去的赤峰当铺地，东靠东沙砣，西邻大沙梁，南是阴河"沙胡同"，北连沙丘的"北大荒"，坐落在一片茫茫的河荒上。一眼望去，白茫茫的一片沙滩，几千亩耕地散落在沙丘之间，冬春风季，风蚀沙埋，每年农田都要毁种几次。雨季阴河泛滥，冲毁庄稼，自然灾害严重，加上反动统治阶级残酷剥削，使这里成为一个地瘠民贫、满目苍凉的村庄。

树，那时在赤峰是稀罕东西，全村只有大小百十棵树，还都长在地主的院子里和坟地上，穷人家使根烧火棍都很困难。由于没有树，风沙为害，风一起，黄沙滚滚遮天蔽日，路上行人迷路，白天户户点灯，穷人家新搭起来的"马架子"住不到半年就会被沙子埋上大半截。牛上房吃草，鸭子上房晒太阳，狐狸兔子越房而过，在这里不算啥稀罕事。据老人回忆，1947年，一场大风刮了几天几夜，沙土堵死了许多农户的门窗，人在里边出不来，有的是邻居从外面扒出来的，有的是从房屋墙上掏个窟窿爬出来的。这里流传着"有风天做饭，不敢掀锅盖，六月天怕沙子，不敢开窗户"的说法，绝无夸大。

由于没有树，自然气候恶劣，自然灾害猖獗，风过这里升级，雨过这里减量，雹过这里加劲，水过这里横行。

种地，在赤峰一带有"过了芒种，不可强种"的说法，但在当铺地村非得等过了芒种后"强种"不行。就是这样，种上之后也不保险，遇上大风，种上的种子还会被沙子埋没，还得三番两次地播种。春天下种晚，秋天霜来早，所以凡是名字不带"小"字的庄稼，就根本不能种，只能种一些小糜子、小红高粱等生长期短的低产作物。遇上好年景，亩产也不足百十斤，而且一到秋天还得抢收，收慢一点，不是叫大风刮净，就是让老鼠吃光。因此，当地农民编了一套顺口溜："种地不用牛，全凭镐头刨；割地不用刀，全凭两手薅；拉地不用车，全凭肩膀挑；打场不用碡，全凭棍子敲。"当铺地人当时就处在"沙丘搬家，房倒屋塌，地不打粮，生活无法，若不逃荒，就得吃沙"的悲惨境地。全村不足百户人家，就有20多户逃荒去了"关东"，有6户靠讨饭度日，3户卖了亲生儿女。当铺地人生活在水深火热之中。

1949年，当铺地人同全国人民一样翻身得了解放，打倒了地主，分了田地。然而，历史留给当铺地人的，除了那几十条沙龙，几百个沙包，几千亩沙荒地，几十间东倒西歪被沙子埋上大半截的小"马架子"，40多头瘦牛老驴，别的再没有什么了。风灾、水害依然肆虐，人们在自己的土地上辛勤耕作一年的收成往往会被春天几场黄风、秋天一场洪水一掠而光。当铺地人心头刚刚泛起的一点希望又破灭了，愁云又一次次笼罩在人们的脸上。

"要想治沙窝，必须风沙住；要想风沙住，必须多栽树"，风沙治不住，当地人的生活永远翻不了身，以支部书记陈洪恩为首的村党支部深深认识到这一点。于是，他们提出了"开渠、造林、治河、治沙，彻底摘掉穷帽子"的计划。

风沙，在当铺地人心中已经是天经地义、不可抗拒的了。甭说治，连想都不敢想，祖祖辈辈谁听说过治沙？有的群众说："糠皮子制不成醋，沙包子栽不活树，树栽不活，还引来沙，打不住狐狸落个两手骚。"这的确使人们想起了以前本村老田家在东沙地费了九牛二虎之力，栽了5亩多树，虽然活了几棵，可是后来被几场大风刮得死的死、断的断，树还没有长起来，沙子就在那堆起了一个个大大小小的沙包，树林变成了一个光溜溜的大沙包。老农王玉珍劝阻陈洪恩说："兄弟，别瞎闹了，咱这穷地方栽不活树，就是活几棵也只能是一个毛毛哄哄的小老树，早晚还不得叫沙子埋了，我劝你死了这份心吧！"

陈洪恩治沙植树的心没有死，他召集支部一班人反复讨论，认真研究，统一了思想。一些老贫农也支持他们，扛了大半辈子长活的汪永臣说："咱们人穷不怕，就怕没有志气，别人说不行的事，咱们穷哥们非得给他们干个样看看！"老农王清令说："只要你们看准是条好路，那就大胆地领着我们走吧。"

不久，党支部就组织70多人开始修起渠来。春天修渠，沙子多，前边挖一锹，后边填半锹；白天挖一天，一夜就填上一半。经过琢磨和实践，陈洪恩发明了"领水修渠法"，前面修渠，后面放水，渠往前边修，水分段放进沙坑里，修一段，试一段，放一段，前边修成了渠，后边淤平了沙坑。就这样仅一个月的工夫，他们修渠8华里，浇地800多亩，创造了奇迹，他们也从此受到了鼓舞："不怕事不成，就怕志不坚。"

要想风沙住，必须多栽树。有了水之后，他们又开始把眼盯在栽树上。为了栽活树，他们昼思夜想，不知研究了多少个通宵，拜名师，访行家，到"田家树林"旧址沙包上去研究，到栽树的沙滩上去开会。他们总结了前人的经验教训，提出了一个根治风沙、大面积造林的计划，出台了造林治沙的有关政策，充分发动群众参加植树造林运动。

他们在造林实践中逐渐摸索出"雁翅掐条""倒坑埋干""翻窝植苗"等沙地造林方法，取得了很好的效果，造林成活率达90%以上。

为了造林，他们自己建立了苗圃，自己繁育苗种。经过几年的奋斗，阴河护岸林、大片固沙林、护渠林先后造了起来。然而他们并没有就此满足，他们冲破了"日月不相见，禾树不同田"的传统说教，仅两年时间就在几千亩耕地上造完主副14条农田防护林，实现了大田林网化。

植了树，见了林，有了渠，灌了地，然而20多条沙龙和200多个沙包还死死地躺在地上，压在当铺地人的心上。沙窝地既漏水又漏肥，种的庄稼是"春天绿，夏天黄，秋天收不到几粒粮"，当铺地人的生活一时还难彻底改善。

那些卧在地里的沙龙和沙包是当铺地人的敌人，当铺地人在陈洪恩的率领下，又开始了根治沙龙沙包的斗争。开始他们用车拉，用肩挑，后来当人们把水渠修到沙包边上的时候，发现沙子自动流入渠内，随水冲走了，人们从此又受到启发，于是发明了"水拖沙龙"法。他们把水引上沙龙顶，在沙龙上故意开成若干鸡爪样的弯弯的渠道，就这样用水拖平了沙包。他们通过水运、风运、人运三种办法治平了大大小小的沙龙和沙包，使凹凸不平的沙丘地变为了水平田。

1956年夏，内蒙古自治区农业厅厅长高布来波同志到当铺地下乡，看到沙地上长出的枯黄的小苗，就动员村干部放水淤地，重新播种。小苗已经长很高了，毁掉了多可惜，有的群众想不通。陈洪恩和高厅长一起挨门逐户做工作，工作做通了，当年淤地百余亩。秋后黍子亩产达到300多斤，比淤地前的沙地中产量提高了一倍还多。人们的眼睛一下子亮了——黑土地里才能长出金子。

第二年，尝到甜头的人们意识到了水的重要性，"抓水如抓粮"，在陈洪恩的率领下，开始大面积引洪淤地。土地一块块淤平，沙地一块块减少。经过几年的奋斗，3000多亩地淤泥达到一尺厚，有些地块淤了3尺多厚。就这样，瘠薄的沙荒地终于变成了肥沃的高产田。

斗转星移，沧桑巨变，仅仅17年，当铺地人同大自然英勇搏斗，用双手在阴河北岸造起了8里长、50多尺宽的一条"绿色长城"——固林固沙护岸林。在9680亩土地上，造了16条全长80里的农田防护林，主副林带纵横交错，30多个网眼内的几千亩耕地，地平如镜，地力肥沃。

天变成了蓝蓝的天，地变成了黑油油的地，当铺地人真正用双手改了天、换了地，战胜了风沙，征服了自然。他们的成功充分体现了新中国的农民在党的领导下，无往不胜的英雄气魄。

从村头的翻身树，到村中的荣誉室，从蓊郁的护岸林，到禾苗茁壮的块块田畴，人们随处可以见到陈洪恩所留下的绿色足迹。在他以后的几届村委会班子中，干部们都把绿色当做人生和事业的最高追求，并通过林业的带动来促进各业的发展，这一切，都源于陈洪恩等老一辈人的创业实践和创业精神。

▢故事感悟

陈洪恩的行为带动了当铺地村几代人，陈洪恩的精神感召了当铺地村几代人。人们有理由相信，在这样一片跨越了贫困和荒凉的土地上，陈洪恩所代表的绿色之魂一定会荫庇万代，陈洪恩所树立的绿色丰碑一定会永远矗立。

▢文苑拾萃

土地沙化

土地沙化是指因气候变化和人类活动所导致的天然沙漠扩张和沙质土壤上植被破坏、沙土裸露的过程。防沙治沙法所称土地沙化，是指主要因人类不合理活动所导致的天然沙漠扩张和沙质。

当土壤中的水分不足以使大量植物生长，即使有植物，也会生长得十分稀疏，不能给土壤提供丰富的养分。土地是否会发生沙化，决定因素在于土壤中含有多少水分可供植物吸收、利用，并通过植物叶面而蒸发，因此，任何破坏土壤水分的因素都会最终导致土壤沙化。土地沙化的大面积蔓延就是荒漠化，是最严重的全球环境问题之一。目前，地球上有20%的陆地正在受到荒漠化威胁。

杂交水稻之父袁隆平

袁隆平（1930—2021），江西省德安县人，生于北京，现居住在湖南长沙。中国杂交水稻育种专家，中国工程院院士。现任中国国家杂交水稻工作技术中心主任暨湖南杂交水稻研究中心主任、湖南农业大学教授、中国农业大学客座教授、怀化职业技术学院名誉院长、联合国粮农组织首席顾问、世界华人健康饮食协会荣誉主席、湖南省科协副主席和湖南省政协副主席。2006年4月当选为美国科学院外籍院士，被誉为"杂交水稻之父"。

袁隆平并非第一个认识到水稻杂交优势的研究者。早在1926年，美国农学家琼斯就提出了这一观点。美国、日本、菲律宾、马来西亚等国家的育种专家，都在水稻杂交方面做过研究，却无一取得成功。杂交水稻研究没有任何经验可循，只能从头开始。

想让水稻这种自花授粉植物进行杂交，只有两条路可走，一条是进行人工去雄，但这种方法没有实际利用价值。因为水稻是雌雄同花，一朵花只结一粒种子，几十、上百粒种子结成一穗，几穗乃至十几穗合成一株……人工去雄的工作量是无限大的。

另一条路，就是"三系"配套。这是一套复杂烦琐的育种工程，打几个比方，水稻是自花授粉植物，好比一出生就是夫妻成双。想让它出现杂交，就要找到天生的"寡妇"，这就是不育系。水稻每年都要种，不断地需要不育系，所以，要让"寡妇"只能生"女儿"，这就要给她找一个特定的"丈夫"，就是保持系。到"女儿"这一辈，就要分两部分，一部分再和保持系杂交，仍旧只生"女儿"，继续做不育系。另一部分则要找到特定的"丈夫"，也就是恢复系。它们的后代要恢复成天生的夫妻成双，也就是杂交水稻的种子。这样"三系"配套完成，才能循环往复地制造出杂交水稻的种子。走通这条路的先决条件，就是找到天生的"水稻寡妇"。

天然的水稻雄性不育株什么样？袁隆平没有见过，中外资料上也未见报道。没有任何捷径可循，只能用最原始的办法，去稻田里一株一株地寻找。那份大海捞针的辛劳，如今我们只能在想象中体会。

每年的6月下旬到7月上旬，是安江地区水稻扬花的时节，也是一年之中最热的时节。这时，安江农校的试验田和周边生产队的稻田里，总能看到袁隆平的身体躬成90度以上，脸贴着层层叠叠的稻浪，一手拿放大镜，一手拿镊子，寻找着那万里未必出一的天然雄性不育水稻。

终于在寻找到第6400穗稻穗时，袁隆平发现了第一株天然雄性不育水稻。跟在他身边为他做助手的夫人邓哲，在笔记本上留下了这样的记录：

发现时间：1964年7月5日午后2时25分。发现地点：安江农校水稻试验田。水稻品种：洞庭早籼。

随后的一年，在1.4万个稻穗中，袁隆平又找到了5株天然雄性不育水稻。

1965年年底，袁隆平对获得的材料和实验数据进行了梳理，完成了关于杂交水稻的第一篇论文《水稻的雄性不孕性》，奠定了杂交水稻研究的理论基础，开创了新中国的杂交水稻事业。

■故事感悟

袁隆平几十年如一日，勤勤恳恳工作在研究的第一线，这种孜孜不倦、刻苦治学的精神正是我们年轻人应该学习的。他的努力给国家带来了巨大的贡献，更给全人类带来了福音！

■史海撷英

袁隆平把杂交水稻推向世界

随着杂交水稻在世界各国试验试种，杂交稻已引起世界范围的关注。近年来，袁隆平先后应邀到菲律宾、美国、日本、法国、英国、意大利、埃及、澳大利亚等国家讲学，传授技术，参加学术会议或进行技术合作研究等。自1981年袁隆平的杂交水稻成果在国内获得新中国成立以来第一个特等发明奖之后，从1985—1988年的短短4年内，他又连续荣获了三个国际性科学大奖。国际水稻研究所所长、印度前农业部长斯瓦米纳森博士高度评价说："我们把袁隆平先生称为'杂交水稻之父'，因为他的成就不仅是中国的骄傲，也是世界的骄傲。他的成就给人类带来了福音。"

■文苑拾萃

联合国粮食及农业组织

联合国粮食及农业组织是联合国专门机构之一，是各成员国间讨论粮食和农业问题的国际组织。1943年5月，根据美国总统 F. D. 罗斯福的倡议，在美国召开有44个国家参加的粮农会议，决定成立粮农组织筹委会，拟订粮农组织章程。1945年10月16日，粮农组织在加拿大魁北克正式成立。1946年12月14日成为联合国专门机构，总部设在意大利罗马。截至1991年7月1日，共有157个成员国。到1997年，其成员有174个国家和地区。

粮农组织的宗旨是提高各成员国人民的营养和生活水平，实现农、林、渔业一切粮食和农业产品生产和分配效率的改进，改善农村人口的生活状况，从而为发展世界经济作出贡献。

第四篇
少年有志勤学成才

少年诸葛亮勤学苦读

诸葛亮（181—234），字孔明，号卧龙（也作伏龙）。琅邪阳都（今山东临沂市沂南县）人。蜀汉丞相，三国时期杰出的政治家、战略家、发明家、军事家。在世时被封为武乡侯，谥曰忠武侯。后来的东晋政权为推崇诸葛亮的军事才能，追封他为武兴王。代表作有《前出师表》《后出师表》《诫子书》等。发明木牛流马、孔明灯等。

诸葛亮少年时代从学于水镜先生司马徽，他学习非常刻苦，而且勤于用脑，不但受到司马徽的赏识，就连司马徽的妻子对他也很器重，喜欢这个勤奋好学、善于用脑的少年。

那时还没有钟表，计时用日晷，但遇到阴雨天没有太阳，时间就不好掌握了。为了计时，司马徽便训练公鸡按时鸣叫，办法就是定时喂食。诸葛亮为了学到更多的东西，便想让先生把讲课的时间延长一些，但先生总是以鸡鸣叫为准。这该怎么办才好呢？诸葛亮灵机一动，想到："若把公鸡鸣叫的时间延长，先生讲课的时间也就延长了。"

于是在随后的日子里，诸葛亮适逢上学时就带些粮食装在口袋里，估计鸡快叫的时候，就喂它一点粮食，鸡一吃饱就不叫了。

过了一段日子，司马先生感到很奇怪，为什么鸡不按时叫了呢？经过细心观察，才发现诸葛亮在鸡快叫时给鸡喂食。先生开始很生气，但不久还是被诸葛亮的好学精神所感动，对他更关心、更器重，对他的教育也就更毫无保留了，诸葛亮也就更勤奋了。诸葛亮通过自己的努力，终于成为一个上知天文、下识地理的饱学之人。

■故事感悟

勤学苦读是我们中华民族的优秀传统美德，诸葛亮为了能多学些知识而想办法让鸡不叫，他这种浓厚的求知欲是多么令人钦佩啊！诸葛亮是中华民族智慧的代表、谋略家的化身，这与他青少年时期勤学苦读是分不开的。

■史海撷英

隆中"卧龙"

东汉末年，军阀混战，中国北方一片残破，许多北方人民不得不逃离家乡，到南方避难。大约在汉献帝刘协兴平元年（194年），诸葛亮14岁的时候，他与哥哥、弟弟一起随着叔父诸葛玄离开了家乡徐州阳都县（在今山东沂南），前往南方避乱。从黄河流域到长江流域，由北向南，由东向西，辗转千里，先到豫章郡（郡治在今江西南昌），然后又来到襄阳（今湖北襄樊）。三年后，叔父诸葛玄去世了，诸葛亮兄弟三人在荆州牧刘表的帮助下，在襄阳城西20余里的一个叫隆中的地方置办了一点田产，定居下来。自此，诸葛亮在他的第二故乡隆中，开始了他的"隐居"生活。

隆中村背依隆山，前临汉水，山清水秀。诸葛亮兄弟在此筑茅舍，围竹篱，下田耕作，自食其力。这里不仅看不到战火硝烟，而且远离交通线，耕读生活恬淡清静，田园乐趣无穷无尽。但诸葛亮是个有抱负的青年，他并不满足于恬静的田园生活，始终渴望着有机会出人头地，干出一番轰轰烈烈的大事业来。

■文苑拾萃

《前出师表》

诸葛亮

先帝创业未半而中道崩殂，今天下三分，益州疲弊，此诚危急存亡之秋也。然侍卫之臣不懈于内，忠志之士忘身于外者，盖追先帝之殊遇，欲报之于陛下也。诚宜开张圣听，以光先帝遗德，恢弘志士之气，不宜妄自菲薄，引喻失义，以塞忠谏之路也。

宫中府中俱为一体，陟罚臧否，不宜异同，若有作奸犯科及为忠善者，宜付有司论其刑赏，以昭陛下平明之理，不宜偏私，使内外异法也。

侍中、侍郎郭攸之、费祎、董允等，此皆良实，志虑忠纯，是以先帝简拔以遗陛下。愚以为宫中之事，事无大小，悉以咨之，然后施行，必得裨补阙漏，有所广益。将军向宠，性行淑均，晓畅军事，试用之于昔日，先帝称之曰"能"，是以众议举宠为督。愚以为营中之事，事无大小，悉以咨之，必能使行阵和睦，优劣得所。亲贤臣，远小人，此先汉所以兴隆也；亲小人，远贤臣，此后汉所以倾颓也。先帝在时，每与臣论此事，未尝不叹息痛恨于桓、灵也。侍中、尚书、长史、参军，此悉贞亮死节之臣，愿陛下亲之信之，则汉室之隆，可计日而待也。

少年崔鸿借月光读书

崔鸿（478—525），字彦鸾，崔敬友之子。东清河郡鄃县（今山东省夏津县）人。北魏史学家。太和末，为彭城王国左常侍。景明中，迁员外郎，兼尚书虞曹郎中，典起居注。迁给事中，兼祠部郎，转尚书都兵郎中。永平初，为镇南邢鸾行台长史。徙三公郎中，加轻车将军，迁员外散骑常侍。延昌末，加中坚将军，迁中散大夫、高阳王友、司徒长史。正光初，加前将军。撰高祖世宗《起居注》。孝昌初，拜给事黄门侍郎，加散骑常侍、齐州大中正。

在我国南北朝时期，北魏有一位著名的历史学家，名叫崔鸿。他编著的《十六国春秋》一书，通过生动的小故事，表现人物形象和历史事件，使本来枯燥的史书显得生动活泼。《十六国春秋》既是珍贵的历史史料，也是一部优秀的文学作品。

崔鸿之所以能取得这样的成就，与他从小就勤奋学习、刻苦读书是分不开的。

崔鸿的父亲原来是做官的，后因受贿被追查，只好弃官而逃，家境一下子陷入困窘之中。

崔鸿从小就爱读书，拿起书本就废寝忘食。可是家中发生变故，没钱再去买书，藏书也被他读完，于是读书心切的崔鸿只好向别人借书抄下来读。

抄书首先要有纸，崔鸿就节衣缩食，把省下来的钱用来买纸。晚上抄书要耗费很多灯油，家境贫寒，拿不出钱来，而白天崔鸿还要干活，只有晚上才能抄书、读书，怎么办呢？他想了好几天也没有想出更好的办法。

一天晚上，灯油已经耗尽了，家里人都睡下了，崔鸿也不得不放下手中没有读完的书。躺在床上，他辗转反侧，难以入睡，心里还在想着没有看完的书。

崔鸿翻身下床，信步走到门口，觉得眼前一亮。他抬头一看，原来天空晴朗，一轮明月当空，将大地照得如同白昼。他把刚才没有看完的书拿来，借着月光展卷阅读，字句竟清晰可辨。崔鸿高兴地跳了起来，大声叫道："有灯啦，有灯啦！"

母亲被他吵醒了，以为发生了什么事，忙披衣起床问他："鸿儿，出什么事啦？"

"母亲，您看这月光多明亮，以后我读书、抄书不就有灯了吗？"

"是呀，好孩子。不过可千万别累坏了。"

崔鸿马上跑进屋里，搬出一个小凳，坐在月光下，认真地读起书来。

不知过了多长时间，崔鸿发觉书上的字迹逐渐模糊了，原来月光已经移动了。于是他又移动小凳，追随月光。就这样，月光不断移动，崔鸿的小凳也不断移动，直到月亮渐渐西斜，光线暗淡下来，书上的字实在看不清了，他才恋恋不舍地放下书本，回屋睡觉。

以后每当皓月当空。月光明亮的时候，崔鸿就到院中借着月光读书、抄书。有时为了追随月光，他竟然坐到院门外面了还不知道。

崔鸿在浩瀚的书海中遨游，经常通宵达旦，读了大量史书，做了大量笔记，积累了丰富的历史资料。凭着他的勤奋刻苦，崔鸿终于成了著名的史学家。

■故事感悟

"不经一番寒彻骨，哪得梅花扑鼻香。"崔鸿不畏环境的艰苦，在家境艰苦的情况下，仍在月下勤学苦读，最终成了著名的史学家。

■史海撷英

北魏均田制政策

北方广大地区由于战乱，户口流徙，田园荒芜，大量土地无人耕种。北魏政权为增加财政收入，稳定社会秩序，颁行均田制。先审定户籍，再按户口分配土地，实行新的租调制，奴婢和牛都可受田。均田制在当时地旷人稀和不损害地主阶级既得利益的前提下施行，有益于生产的发展和稳定。北方大量的荒地被开垦，耕作技术也有了提高，农业的发展，使养蚕、牧畜、酿造等农村副业也发展起来，改变了北方荒凉残破的景象。

■文苑拾萃

《十六国春秋》

《十六国春秋》是记载十六国（304—439年）历史的纪传体史书，作者是北魏时期的崔鸿。崔鸿年轻时就有志于修史。西晋灭亡后，中原地区先后出现了匈奴族刘渊、羯族石勒、氐族符坚等建立的政权，历史上总称为十六国。这些政权各有自己的史书，但是体例不一，记述差距也较大。所以，崔鸿根据旧的记载加以综合汇编，写成100卷。此外还有序例一卷，年表一卷，草成《十六国春秋》102卷。

少年祖莹学习勤奋

祖莹（？—535），字元珍。北魏范阳郡遒县人。曾祖敏，仕慕容垂为平原太守。太祖定中山，赐爵安固子，拜尚书左丞。卒，赠并州刺史。

祖莹出生在世代做官的人家，他小时候既聪明又勤奋，8岁就能背诵《诗》和《书》，并且还会作诗写文章。亲属们都称赞他是"圣小儿"，言外之意便是小神童。

祖莹读书非常刻苦，他总觉得白天的时间不够用，因此常常夜里攻读。父母怕他累坏身体，多次阻止，不让他夜里看书，但他学习如饥似渴，觉得晚上不读书太可惜，父母为这事常犯愁。一天，父母把家里的灯盏、烛台都藏了起来，祖莹知道这是父母不让他夜读，就悄悄地把炭拣在小炉子里，然后盖上一层薄薄的灰。一到夜晚，他拨开灰层，将炭吹红，再用衣服被子把窗户遮上，不让光线透出去，就这样刻苦攻读，博览群书。

后来，为了学到更多的知识，他又拜当时的中书博士张天龙为师，跟他学习《尚书》。祖莹拜师后，学习更加刻苦用功。

有一次，老师清早就要给同学们讲《尚书》，祖莹由于读了一夜没有睡觉，昏头昏脑地把《曲礼》当成《尚书》拿去上课。到课堂才发现自己拿错了书，可是老师很严格，他不敢回去换书，只好硬着头皮听讲。这堂课刚好老师叫他读《尚书》，由于祖莹平时非常努力，早就会背《尚书》了。虽然没带课本，可他凭着自己的记忆，照样准确地把《尚书》背诵出来，一字未漏。

北魏当政人物很注意这个远近闻名的"圣小儿"，后来便选拔他去做"中书学生"。这使祖莹获得了更好的学习环境，加上他刻苦不懈地攻读，长大后终于成了一个很有知识的学者。

■故事感悟

少壮不努力，老大徒伤悲。刻苦学习，掌握知识，从小就应抓紧时间学习。

■史海撷英

北魏孝文帝的卓越改革

北魏孝文帝拓跋宏为鲜卑人，是一位很有作为的帝王。在位期间，他进行了许多政治、经济和文化上的改革。

为了缓和阶级矛盾，北魏统治者力求限制地方豪强势力，加强中央集权，使鲜卑贵族进一步封建化，并与汉族地主紧密结合，更有效地共同统治各族人民。因此，冯太后和魏孝文帝进行了一系列的改革，最重要的是实行均田制和改革鲜卑旧俗，实行汉化政策。

韦述少年中进士

　　韦述（？—757），京兆人。幼聪敏，家有书两千卷，记览皆徧，缀文操笔便就。举进士时，年甚少，仪形眇小。考功郎宋之问问曰："韦学士童年有何事业？"对曰："性好著书。"之问大悦曰："本求异才，果得迁、固！"开元中，诏马怀素编次图书，乃奏用元行冲、齐汗、吴兢并述等26人，同于秘阁详录四部书，5年而成。张说引为集贤院直学士，累迁尚书工部侍郎。在书府40年，居史职20年，编成国史。后署安禄山伪职，流渝州，为刺史薛纾困辱，不食而卒。述著有唐职仪30卷、高宗实录30卷、西京新记5卷、御史台记10卷，又撰开元谱20卷，并传于世。

　　韦述是唐朝著名的学者、史学家，曾撰定唐朝《国史》112卷，当时学者萧颖士把他与《三国志》的作者、史学家陈寿相提并论。

　　韦述的父亲韦景骏也是个学者，曾任房州刺史，家中藏书十分丰富。韦述小时候就养成了勤奋好学的良好习惯，还不到10岁的时候，已经把父亲珍藏的2000多卷书籍读得烂熟。

　　景龙年间，韦景骏调任为肥乡县令，全家也搬到肥乡县。当时名望很高的学者元行冲是韦述的表兄，正任沼州刺史，肥乡县在其辖区之内，因此两家来往比较密切。韦述经常到元行冲家里去，去了之后便钻进元行冲的书房里废寝忘食地阅读，有时一直阅读到晚上也不出门。元行冲虽然是他的表兄，但两家是远房亲戚，他的年纪比韦述大得多。他看到这个小表弟这样好学，非常高兴。

有一次，韦述又来到元行冲家看书，元行冲就和他攀谈起来。一经谈话，他才发现韦述虽然年纪小，学问可不小，经籍史书他都通晓。随便提起历史上的某段史实，韦述都了如指掌。他对《五经》也非常了解，议论起来，见解精到，简直不亚于当时第一流的学者。元行冲又试着让他写文章，韦述提起笔来，一篇千字文竟一气呵成。元行冲十分惊喜。

经过元行冲的指导，韦述有了长足的进步。过了几年，韦述进京参加科考。那年，恰好著名的学者诗人宋之问做主考官。宋之问见韦述又矮又小，还是个孩子，感到很惊奇，就对他说："韦学士，我看你也不过是十几岁的年纪，学业上有什么成就啊？"韦述毫不迟疑地回答说："我正撰写唐史，现在已经完成了30卷。至于策论与文章水平，那你等考试完毕看结果吧！"宋之问想，本来朝廷要选拔优异的人才，想不到却招来了司马迁、班固这样的天才。经过科考，韦述果然中了进士。

开元五年，由栎阳尉秘书监马怀索负责组织元行冲、吴兢等26位学者整理编写国家图书馆藏书目录，韦述也成为其中的一员。在整理图书的工作中，韦述仍保持着他勤奋好学的习惯。当时学者柳冲先整理完了200卷《姓族系录》的目录，韦述对谱系学非常感兴趣，于是白天在秘书阁完成自己所分担的任务，晚上就把《姓族系录》抄写完毕。这时他已经成了研究姓氏源流的专家，不但详尽掌握了中国的姓氏源流，还在研究古代姓氏演变的《姓族系录》一书的基础上，又编写出研究姓氏谱系的《开元谱》20卷，丰富并发展了谱系学。他的严谨治学精神受到同僚的一致赞扬，因而被晋升为学士。

《旧唐书》记载：韦述一生"在书府四十年，居史职二十年""嗜学著书，手不释卷"。唐朝时，很多学者都想撰写出一部国史，著述《国史》的工作早在令狐德棻开始，直到与韦述同时代的学者吴兢为止，历经多少学者修撰都未完成。而韦述穷尽毕生精力，搜集素材，汇编撰写，终于完成《国史》112卷。韦述撰写的《国史》材料翔实，文笔流畅，言简意赅，完全称得上宋之问所说的"迁、固"之才。

后来安禄山叛乱，京城被攻陷，长安一片火海。在火海中，韦述抢救出《国史》，它也成为以后张昭远等撰写《旧唐书》以及欧阳修撰写《新唐书》的重要参考资料之一。韦述为中华民族文化的传播与发展作出了不可磨灭的贡献。

■故事感悟

正因为韦述这样刻苦认真地学习，又能虚心向别人请教，所以，他所编著的《国史》才能成为中华民族文化传播的经典名著。韦述这种认真苦学、虚心求教的精神不正是我们当代青少年应该学习的吗？

■史海撷英

元和中兴

中兴之前，唐朝有吐蕃、回纥、南诏等外患，内有宦官掌权，禁军兵权甚至皇帝的废立都由宦官决定，节度使对地方有独立于中央的管理权。唐德宗死后，经过了顺宗的过渡阶段，然后由永贞内禅而受宦官支持的唐宪宗登基，依靠禁军的兵力令全国所有的藩镇至少名义上全部归服了唐朝，史称"元和中兴"。

第五篇
业精于勤有所成就

董遇用"三余"勤学

董遇(生卒年不详)，字季直。弘农人。建安初举孝廉，稍迁黄门侍郎，后转冗散。汉明帝时历侍中大司农。有《周易注》10卷，《春秋左氏传章句》30卷，《老子训注》2卷。

时令还未到冬至，屋外鹅毛般的大雪漫天飞扬，刺骨的北风在野地里打着回旋，呼呼作响。偌大的旷野里，看不到一个人影。屋内，董遇坐在靠窗的案桌前，一边认真地看着书，一边两手不停地来回搓动。过了一会儿，突然听得"哐"的一声，门被吹开了，强劲的北风夹着雪花直往屋里灌。顿时，屋里成了风雪的世界。董遇回过头，刚要起身去关门，却发现脚已经冻得不听使唤了。没办法，他只好用手使劲地揉搓拍打着麻木的脚面。慢慢地，脚才恢复了知觉。他好不容易站起身，一步一步地移到门口，费劲地把门关上，然后又使劲地用脚跺着地，接着又在屋内来回一阵小跑。跑了一会儿，董遇感觉腿已经完全正常了，就又回到桌前，继续看书……

夜幕刚刚降临，董遇的那间小屋燃起了灯。橘黄色的烛光洒在窗纸上，非常清晰地映出了董遇捧书静坐的身影。已经是夜半时分了，偏僻的小山村里，家家户户都已熄灯睡觉了，只有董遇的那间小屋里仍然亮着灯，纸窗上的身影也还是和以前一样，一动未动，仿佛是贴上去的纸画一般。时间长了，阵阵睡意朝董遇袭来，他有些坚持不住了。没办法，董遇只好站起身，走到水缸前，舀起一勺水倒在木盆里，用帕子沾湿水洗了把脸，感到清醒后，又继续回到窗前捧起书，认真读起来，一页，两页，三页……

又到了阴雨绵绵的季节。户外的小雨淅淅沥沥，一连下了好几天还没有停。董遇一早起来，收拾完床铺，就坐在桌前开始读书。读着读着，他觉得好像有什么东西掉下来砸在自己头上，前额一阵冰凉。他用手一摸，咦，水？怎么回事？他抬头向上一看，噢，原来屋顶年久失修，又加上连下了几天雨，已经开始漏水了。他赶忙把桌子向旁边移了移，又找了个木盆放在漏水的地方接水，自己则拿起刚才没有读完的书，沉浸到书中去了……

董遇是东汉末年陕西弘农（今河南内乡、宜阳以南，陕西柞水以东）人。他为人朴实敦厚，从小就喜爱读书。他读书很认真，不像其他富家子弟一样，只是浮光掠影、蜻蜓点水般地大致看一下，所以，他十几岁的时候就已经掌握了许多知识。汉献帝兴平年间，董卓虽然已经被处死，但他部下的将官郭汜、樊稠、张济等却到处烧杀抢掠，非常凶残；又加之一连几年的大旱，地里一粒粮食都没收，老百姓只好挖草根、嚼树皮来充饥，有的地方甚至还出现了人吃人的现象。荒地旷野，尸骨遍布。董遇的家乡弘农一带，又恰巧是张济的屯兵之处。没有办法，董遇只得随着哥哥一起告别家乡，到别处投靠朋友去了。

在朋友那里找到一个歇脚的地方以后，董遇就和哥哥一起每天上山打柴，再挑到街上去卖，换取一点微薄的收入勉强度日。打柴是力气活，来回又得跑许多路程，每次回到家时，人已经累得筋疲力尽了。可即使是在这样艰难的条件下，董遇仍不顾劳累，抓紧一切空余时间读书。他的哥哥看着他读书时专心的样子，就讥讽他说："累得要死，不知道躺在床上好好休息一下，一天到晚就知道叽里呱啦地念书，有什么用！书能当饭吃吗？"董遇听后，并不理会，仍是埋头读自己的书。

董遇对《老子》这本书非常感兴趣，读过不知多少遍，还亲自为这本书作了详细的注释。另外，他对《春秋左氏传》也花费了很多时间来研究。他在读这本书的时候，每看所得必写在纸上。后来，他把这些心得结集成为《朱墨别异》一书，很受世人喜爱。

董遇的名声大了，附近的人都纷纷前来向他求教，请他讲书。可董遇却对他们说："你们不要着急让我讲，还是自己多读一读吧，先读上一百遍再说。"

那些人见董遇不肯讲，以为他摆架子，很是失望。但董遇又解释说："你们不要误解我。我刚才的意思是无论什么书，只要你能多读几遍，那么总会理解它的意思的。退一步说，即使还没有理解，那时候再让我讲也不迟啊。""您说得很有道理，可是我们哪有那么多的时间读书啊？"那些人问道。

董遇听后，摇了摇头，说："你们为什么不能抓紧'三余'的时间呢？"

"什么是'三余'呢？"那些人又问道。

董遇回答说："'三余'就是三种空余时间。冬天，严寒沁骨，地里没有什么农活可做，这是一年里的空余时间；晚上，漆黑一片，也不便干活，这是一天里的空余时间；阴雨天，水洼四处，泥泞遍地，无法外出，这是平时的空余时间。如果能充分利用这三种空余时间，还愁没有

时间读书吗？"

听了董遇的一席话，那些人才恍然大悟。他们向董遇道了谢，高兴地离去了。

就这样，董遇虽然生长于战乱时代，靠打柴为生，但由于他巧用时间，勤于读书，后来终于成为三国时期有名的学者。

■故事感悟

董遇善于寻找空余时间读书的故事，对我们是一个很好的启发。不过，在这里需要特别指出的是，董遇的"读书百遍，其义自见"，是为了启发自学的积极性而说的，不应该以它为根据，贬低老师讲解的重要性。它的用意不在于强调死记硬背，而是要求人们在反复诵读的过程中仔细思考，以达到"其义自见"的目的。

■史海撷英

九品中正制

九品中正制是魏晋南北朝时期一种重要的官吏选拔制度，又名九品官人法。该制分为九个等级，作为政府选用官吏的依据。中正指有名望的推荐官，人才的等级由他们评定，是魏文帝曹丕为了拉拢士族而采纳陈群的意见设置的。曹丕篡汉前夕，即延康元年（220年），由魏吏部尚书陈群制订。此制至西晋渐趋完备，南北朝时又有所变化。到了隋朝，以科举制取而代之。

读书的名言

书犹药也，善读可以医愚。——刘向

书读百遍，其义自见。——董遇

读书破万卷，下笔如有神。——杜甫

读书好，多读书，读好书。——冰心

书是人类进步的阶梯，终生的伴侣，最诚挚的朋友。——高尔基

韩愈治学勤奋

韩愈（768—824），字退之。唐河南河阳（今河南孟县）人。自谓郡望昌黎，世称韩昌黎。唐代古文运动的倡导者，宋代苏轼称他"文起八代之衰"，明人推他为唐宋八大家之首，与柳宗元并称"韩柳"，有"文章巨公"和"百代文宗"之名。著有《韩昌黎集》40卷、《外集》10卷、《师说》等。

768年，韩愈出生在河南孟县一个有学问的家庭里。在他3岁的时候，父亲便去世了，后由哥哥收养。

在韩愈10岁那年，哥哥因故被贬官，他又随哥嫂流落他乡。一路上，哥嫂经常给韩愈讲故事，希望弟弟将来能够成才，重振家业，因而讲得最多的是古人的业绩及他们的故事，以激发韩愈的进取心。如周文王坐牢写《易经》，左丘明双目失明写《左传》，屈原被放逐写《离骚》，孙膑被削去膝盖骨写《兵法》，司马迁受了宫刑写《史记》，等等。当哥嫂绘声绘色地讲完这些故事后，还对幼年的弟弟说："人生是短暂的，历史却是永存的。你应该把这短暂的一生用在学习上，虽不求显赫一时，也要有所作为呀！"古人逆境成才的故事和哥嫂的期望，使韩愈很受启发。

在随后的日子里，韩愈每天早晨公鸡一叫就起床。他先到院中活动一下身体，然后回到屋里开始读书。他读书非常用功，有时吃饭时没菜，他就拿看书来下饭。在读书中，每当遇到困难，他总是反复默读琢磨，或者向当地有学问的人请教，直到弄懂为止，从不退缩，也从不浅尝辄止、一知半解。在学习过程中，他能够由浅入深，循序渐进，而不是东学一本、西看一段。这样，他完整地阅读学习了大量的诗书和史书。

数年后，韩愈已经是一位风华正茂和有一定学识的青年了。他决定走出家庭，到社会上去锻炼成长。

到洛阳后，他过上了清贫的生活。为了博览群书，他"贪多务得，细大不捐"。为了"将求多能"，他"蚤夜以孜孜""口不绝吟于六艺之文，手不停披于百家之编"。他起早贪黑读书，有时读到后半夜才睡觉。有时严冬腊月，他也舍不得生炭火，砚台里的墨结成了冰，他就用嘴呵呵，等融化后再写；手冻僵了，就搓搓手继续写；读书读得口干舌燥，就喝口温茶继续苦读揣摩。除了苦读、背诵、深思外，他还认真地做读书笔记，读不同性质的书有不同的笔记法，并坚持写出纲要。

在韩愈19岁那年，他告别洛阳，来到京都长安。当时长安文坛上有一个很有名气的人，叫梁肃。梁肃是主张用先秦、两汉的散文（习惯上称古文）形式写作的一个大家。韩愈得知后，欣喜若狂，决定登门求教。原来，韩愈在读书中早就发现先秦、两汉的散文形式自由，语言活泼，有利于表达思想内容。这次，他自然不放过求学的机会。可是，当他头几次去拜访梁肃时，却未被接见。他毫不灰心，仍然多次去拜访。后来，他的诚心终于感动了梁肃，梁肃接待了他。从这以后，他在梁肃的指点下，古文水平提高得更快了。

以后，韩愈更加积极地倡导古文运动和从事古文写作。无论是给皇帝的上书，给亲友的书信，还是政论文、传记、小品文、杂感等，都是按照先秦、两汉的散文要求精心撰写，文章的艺术性很高，雄奇奔放，感情充沛，曲折变化，流畅明快，在文坛上影响极大，因此，大家都爱读他的文章，学习他、模仿他的人也很多。在他的倡导下，散文蔚然成风，深入人心，韩愈的名字也因此在文坛上永垂不朽。

■**故事感悟**

"书山有路勤为径，学海无涯苦作舟。"韩愈勤于治学，积极倡导古文运动，最终在中国文坛历史的长河中占有了一席之地。可见，一个人后来的成就，大多数是青少年时期勤学苦练的结果。

■**史海撷英**

韩愈《师说》的写作背景

《师说》作于唐贞元十八年（802年）韩愈任四门博士时，是说明教师的重要作用、从师学习的必要性以及择师的原则等，抨击了当时士大夫之族耻于从师的错误观念，倡导从师而学的风气。同时，也是给那些诽谤者一个公开的答复和严正的驳斥。

司马光的圆木"警枕"

司马光（1019—1086），字君实，晚年号迂叟，世称涑水先生。北宋时期著名政治家、史学家、散文家。北宋陕州夏县涑水乡（今山西运城地区夏县）人。赠太师、温国公、谥文正。司马光自幼嗜学，尤喜《春秋左氏传》。司马光最大的成就是主编了卷帙浩繁的史学巨著《资治通鉴》。

司马光自幼酷爱读书，尤其是喜欢读历史书。他发愤上进，看到别人有什么长处就下工夫学习，直到超过别人为止。比如，他小时候和哥哥、弟弟们一起学习，感到自己的记忆力比较差，便想办法克服这个弱点。每当老师讲完课，哥哥弟弟们读上一会儿便扔开书本，跑到院子里去玩的时候，司马光便关上门窗，独自一遍又一遍地高声朗读起来，直至能流畅地背诵，才肯罢休。除此之外，他还利用一切空闲时间，比如骑马赶路，或夜里不能入睡的时候，一面默诵，一面思考。久而久之，他不仅对所学的内容能够精通，而且记忆力也越来越强了，以至于后来对年轻时所学的东西竟至终身不忘。

司马光做官以后，读书更加刻苦。为了抓紧时间读书，他给自己设计了一套特别的卧具：一张木板床和一个小圆木枕头。为什么要用圆木做枕头呢？因为硬邦邦的圆木枕头，放在硬邦邦的硬木板床上容易滚动，读书困了睡着时，只要一翻身，枕头就滚走，头便跌在木板上，于是就惊醒了，就可以马上起来继续读书，不会一觉睡到天亮。司马光还给这个小圆木枕头起了个名字，叫"警枕"。

通过长时间的勤学苦读，司马光扩大了知识面，提高了认识水平，为今后的著书立说打下了坚实的基础。

■故事感悟

一分耕耘一分收获，司马光十九年如一日，勤苦治学，终究完成了鸿篇巨著《资治通鉴》。

■史海撷英

司马光出卖大宋领土

北宋熙宁六年（1073年），在王安石指挥下，宋熙河路经略安抚使王韶率军进攻吐蕃，收复河（甘肃临夏）、岷（今甘肃岷县）等五州。宋军收复五州后，拓地2000余里，受抚羌族30万帐，建立起了进攻西夏地区的有利战线。

王安石下台后，司马光改变了王安石的抵抗主张。西夏统治者在哲宗继位后，派使臣勒索兰州、米脂等边塞，司马光一口应允，并指责不赞成的大臣，将宋神宗时军兵用生命夺取的土地无偿送给西夏。这是一种出卖国土、妥协苟安的行为，不仅在政治上不体面，而且在军事上也没有达到结束兵祸局面的目的。虽然宋朝实行弭兵政策，一再命令守边将士不要妄动，可西夏反而认为宋朝软弱可欺，此后更是不断进攻兰州等地。

《资治通鉴》

《资治通鉴》，简称"通鉴"，是北宋司马光所主编的一部编年体史书，共294卷。记载的历史由周威烈王二十三年（公元前403年）写起，一直到五代的后周世宗显德六年（959年）征淮南，计跨16个朝代，共1362年详细的历史。它是中国第一部编年体通史，在中国历史中有着极为重要的地位。

《资治通鉴》的编修，前后历时19年。在《资治通鉴》的编修过程中，司马光付出了艰辛的劳动。相传，他每天很早就起床开始工作，一直到深夜才就寝。每天修改的稿纸有一丈多长，而且上边没有一个草字。等到《资治通鉴》修完，在洛阳存放的未用残稿就堆满了两间屋子。司马光在他的进书表上说"平生精力，尽于此书"，绝非虚语。

陆游的"书巢"

陆游（1125—1210），字务观，号放翁。越州山阴（今浙江绍兴）人。南宋爱国诗人，著有《剑南诗稿》《渭南文集》等。自言"六十年间万首诗"，今尚存9300百余首，是我国至今存诗最多的诗人。

陆游从小就热爱读书。他的父亲是个藏书家，家中有书几万册，经、史、子、集，应有尽有。这在文化尚不发达的南宋时期，是相当可观的一笔藏书。

陆游最喜爱读文学作品，特别是陶渊明、王维、李白、杜甫、岑参等人的诗。有一次，他看见一本陶渊明诗集，拿来就读，越读越喜欢，从下午一直读到晚上，饭都忘了吃。岑参的诗格调豪壮，内容多写边塞杀敌，他十分喜爱。有时他边喝酒边听别人念诗，醉意朦胧中，似乎感到自己同岑参一道，正驰骋在抗敌的疆场上呢！

陆游在学诗的同时也开始不断地作诗。从十二三岁起，他的诗名就渐渐为人所知了。那个时候，正是金兵入侵、中原沦陷、民族危机深重的年代。敌人的残暴，人民群众的英勇斗争，激发了他的爱国精神。他勤学苦练，为的是挽救国家的危亡。20岁的时候，就已经向往着"上马击狂胡，下马草军书"的战斗生活。所以，他一方面学习剑法，一方面研究兵书。他在《夜读兵书》一诗里写道："孤灯耿霜夕，穷山读兵书。平生万里心，执戈王前驱。战死士所有，耻复守妻孥。……"

陆游时时盼望着能骑铁马、挥金戈，驱逐敌人，恢复失地，但在妥协投降派把持朝政的情况下，真是"报国欲死无战场"。他还因为要求救国而遭受打击，被调来调去，做了几任闲官。"国仇未报"，而壮士已经步入老年。

陆游从1189年年底被罢黜，到1210年去世，中间除去约有一年的时间在杭州主修孝宗、光宗实录以外，20年的漫长岁月都是在故乡山阴度过的。在这20年里，他"身杂老农间"，有时还亲自到田间去劳动。他虽然遭到罢斥，而且已经年老，但并没有忘记灾难深重的祖国。他曾在《老马行》里写道："一闻战鼓意气生，犹能为国平燕赵！"然而统治者是不肯让他去"平燕赵"的。为了排遣"报国无门"的悲愤，更为了汲取历史经验，寻求救国之道，他又像20岁时那样发愤读书，并且给自己住的房子取了个很形象的名字："书巢"，还写了一副对联："万卷古今消永日，一窗昏晓送流年。"

有人问他："喜鹊在树上结巢，燕子在梁上结巢。上古有个有巢氏，是因为那时还不会修房子。尧帝时代，老百姓也曾经结巢而居，是因为那时洪水泛滥，平地上住不成。你现在幸而有房子可以住，门啊、窗啊，墙垣啊，应有尽有，和一般人的房子一模一样，却偏偏叫做'巢'，这是什么原因呢？"

他回答说："在我的房子里，柜子中装的是书，面前堆的是书，床上枕的、铺的也是书。总而言之，一眼望去，除了书还是书。而我呢，饮食起居，疾痛呻吟，悲忧愤叹，始终和书纠缠在一起……偶然想走动走动，却被乱书包围起来，简直寸步难行。有时我自己也笑起来说：'这岂不是我所说的巢吗？'"

客人不信，陆游便带他走进"书巢"去看。起初，客人被书挡住了，进不去；后来，好容易钻进"巢"里，又被书围得水泄不通，还是出不来，于是哈哈大笑道："一点儿也不假，像个巢，像个巢！"

陆游还有一间房子，叫做"老学庵"，这名字就是活到老、学到老的意思，里面也放了很多书。他在里面著书立说，曾写了一部《老学庵笔记》。

当然，在"书巢""老学庵"读书，并不可能真正排遣他的愤懑情绪。面对"三军老不战，比屋困征赋"的现实，他仍然唱出了"为国忧民空激烈"的悲壮诗句。直到临死的时候，陆游还因"逆胡未灭心未平"，写了一首洋溢着爱国激情的《示儿》。

▢故事感悟

从陆游的"书巢"和"老学庵"，我们能看出陆游学习知识勤奋刻苦的程度。他这种活到老、学到老，勤学不倦的精神，充分体现了我们中华民族尚勤戒惰的优良美德！然而，更可贵的是，他深厚的爱国主义情怀始终伴随着他刻苦读书的生涯。

▢史海撷英

北宋灭亡

辽天庆四年（1114年），女真族在部落首领完颜阿骨打的领导下，举兵反辽，并于次年建立金国。金天辅四年（1120年），金与宋缔盟，共同灭辽。金天会三年（1125年）二月，金军俘辽天祚帝，辽亡。金灭辽后，立即将进攻矛头指向中原，宋金战争遂起。金在与宋联合灭辽过程中，洞知宋朝政腐败，军队战斗力低下，遂于天会三年十月发兵10余万，分两路南下攻宋。西路由左副元帅完颜宗翰率领，自西京（今山西大同）攻太原；东路由南京路都统完颜宗望率领，自南京（今河北卢龙）攻燕山府（今北京城西南），采取分进合击的战法，企图夺取东京（今河南开封），灭亡北宋。

在金军的强大攻势下，宋钦宗赵桓被迫遣使乞和，许割太原、中山（今河北定州）、河间（今属河北）三镇与金。金军亦恐孤军深入久战不利，遂许和北撤。翌年八月，金廷以宋不履行割让三镇和约为借口，再次分两路攻宋。完颜宗翰率西路军出西京南攻太原，九月，攻陷太原后，转兵东向，攻东京。金东路军在完颜宗望率领下，自保州（今河北保定）出师，在井陉（今河北井陉北）击败种师道军抵抗后，攻克重镇真定府（今河北正定）等地。十一月，金东西两路军进至东京城下，对东京形成合围之势。宋钦宗急遣康王赵构赴金营乞和，许以黄河为界，金军不允，向东京发起猛攻。闰十一月，东京城破，宋钦宗降金。金天会五年四月，金军掳徽、钦二帝及后妃、宗室等数千人北归，北宋遂亡。

■文苑拾萃

钗头凤

（宋）陆 游

红酥手，黄藤酒，满城春色宫墙柳。

东风恶，欢情薄，一怀愁绪，几年离索。

错、错、错！

春如旧，人空瘦，泪痕红浥鲛绡透。

桃花落，闲池阁，山盟虽在，锦书难托。

莫、莫、莫！

钗头凤

（宋）唐　婉

世情薄，人情恶，雨送黄昏花易落。
晓风干，泪痕残，欲笺心事，独语斜阑。
难、难、难！
人成各，今非昨，病魂常似秋千索。
角声寒，夜阑珊，怕人寻问，咽泪装欢。
瞒、瞒、瞒！

宋应星和他的《天工开物》

宋应星（1587—？），字长庚。江西奉新县宋埠镇牌楼村人。明朝科学家。万历四十三年（1615年）考中举人，但以后五次进京会试均告失败。五次跋涉，见闻大增，他说："为方万里中，何事何物不可闻。"他在田间、作坊调查到许多生产知识。他鄙弃那些"知其味而忘其源"的"纨绔子弟"与"经士之家"。在担任江西分宜县教谕（1638—1654年）期间，写成了著名的科学技术著作《天工开物》。

宋应星少年时就喜欢读书，先代的典籍读了很多，但他不盲目因循、图口耳记诵之学来炫耀于人前。他对书中所记述的内容一贯采取审视的态度，没有书云亦云。他还把对书中所载提出的疑问都记录下来，以备来日验证。他28岁时考中举人，后任江西分谕县教谕。他对束缚人才能的八股文不感兴趣，而把主要精力放在深入调查研究实用的生产技术问题上。他对士大夫们轻视生产劳动的态度深为不满，认为士大夫们的这种态度于国于民都不利。他不停地思考探索如何才能富强国家，如何才能造福民生。

封建时代的知识分子常把自己的书房叫某某堂、某某斋，而宋应星却别出心裁，不追求世俗所称道的高雅之意，把自己的书房起名叫"家食之问堂"。"家食之问"，就是关于家常生活如衣、食、住、行及日用品之类的学问。"家食之问堂"，也就是探讨家常生活之类学问的书屋的意思。"家食"的出处，见《易·大畜》，此书中说："不家食，吉，养贤也。"意思是说，在上者有大德，能以官职养贤，不让贤者在家里自食。宋应星取"家食"二字，表示他所研究的学问与当时封建官僚、士大夫们所搞的那一套不同，不是空谈道德性理，而是切实研究与国计民生有用的学问。他说：打算读书做官的人肯定不会对他所探究的问题感兴趣，因为他所探究的问题与读书做官毫无关系。他认为，真正了不起的是具有真才实学、知识渊博、敢于并善于探索钻研的人，而那些高谈义理、侈论心性之家是不足为训的。他深受商品经济的影响，指出发展商业的必要性，对那些驾车驭马、摆舟横渡的官商很是赞赏，认为他们能通有无、调余缺，增加社会财富。他感到祖国疆土广大、物产丰盈，物质生产领域中的知识实在太丰富了，对任何事物都有多听多看的必要。他冲破了书斋学者那种"人唯圣贤、物唯经籍"严重脱离实际的陋习，深入下层，虚心向农民、手工业者和其他生产劳动者学习生产技术知识，开阔视野，促使自己向更广泛的知识海洋中探索。

　　通过书本学习、躬身访察和实际生产劳动，宋应星积累了极其丰富的生产知识，并以惊人的毅力和卓越的才华完成了图文并茂的科技巨著《天工开物》。

　　《天工开物》全书分18卷，包括作物栽培、养蚕、纺织、染色、粮食加工、熬盐、制糖、酿酒、烧瓷、冶铸、锤煅、舟车制造、烧制石灰、榨油、造纸、采矿、兵器、颜料、珠玉采集等，几乎谈到了农业、手工业部门中所有重要的生产技术和过程。宋应星在此书中详细地记载了各种工农业生产的具体操作方法，特别详细地介绍了各种先进的生产技术。如在农业方面，记有培育优质稻种和杂交蚕蛾的方法；在冶炼方面，有炼铁联合作业，灌钢、炼锌、铸铁、半永久泥型铸釜和石蜡铸造的方法，其中不少工艺至今仍在应用，如有名的王麻子、张小泉刀剪就是使用了传统的"夹钢""贴钢"技术；在纺织方面，有用花机织龙袍、织罗的方法；在采矿方面，有排除煤矿瓦斯的方法；等等。以上生产技术都是当时世界上首屈一指的。丛书中出现的大量统计数字，如单位面积产量、油料作物出油率、秧田的移栽比、各种合金的配合比等来看，说明宋应星比较重视实验数据，所得结论也是经过了一番深入细致的询访调查的。宋应星还把所搜集的材料进行认真的比较研究，提出了不少科学的见解。如他根据煤的硬度和挥发成分，提出了一项符合科学原理的煤的分类方法，很有实用价值。对于一些长期流传下来的错误观点，如"珍珠出自蛇腹""沙金产自鸭屎""磷火即是鬼火"，等等，都进行了有理有据的驳斥。

《天工开物》刊行后，很快传到日本，并在日本翻刻，广为流传；1869年有法文摘译本；后又译成德、日、英多种文字，受到世界许多国家的重视。它是关于中国古代生产技术，特别是手工业生产技术的宝贵文献，被世界誉为"中国17世纪的工艺百科全书"。

■故事感悟

如此巨著，若没有深入细致的调查研究，没有执著的追求和探索精神，是很难完成的。不仅如此，没有战胜世俗偏见的勇气和信心，没有对社会较为深切的洞察，写出这部独树一帜的巨著也是不可能的。因为自古以来，中国社会的上层一向视生产劳动为贱民所为，视生产科技为奇技淫巧，而且一向轻视工商。宋应星身为朝廷官员，专心于此，无疑是轻蔑圣贤，坏乱经言。但宋应星认为这是实学，于国于民，颇有裨益，并毅然为之奋斗终身。他这种务实求本、勇于攻坚的精神是非常可贵的。

■ 史海撷英

万历中兴

万历中兴乃明朝中叶时出现的短暂中兴局面，其中兴之势主要归功于张居正在朝政上的政绩。

整个万历，即明神宗朱翊钧（1572—1620年）之在位年，凡48年之久，明神宗也是明朝在位时间最久的皇帝。唯有前15年治政稍有起色。万历初年，张居正便任首辅从旁协助。而明神宗年幼，又对张居正极为信赖，故张居正能一心一意推行政令。

张居正在经济上推行"一条鞭法"，在政治上则整饬吏治，任用贤臣；在防守方面，任用名将戚继光抵御沿海为患的倭寇；在水患上有潘季驯四次治河，成效显著。

神宗在位头15年，国家收入大增，加上能够解决国防边患的问题，后世称该时期为"万历中兴"。

然而，当张居正于万历十年逝世后，万历帝开始酗酒，不理国政（一说是开始抽鸦片烟），30年不上朝，只在1615年勉强到金銮殿上亮了一次相，许多朝臣都没见过皇帝一面，导致国力衰退。短暂的"万历中兴"就此结束。

宋应星公园

宋应星公园位于江西省南昌市奉新县城区凤凰山和乌龟山处，坐落在明末著名科学家宋应星的故里宋埠镇、冯田经济开发区内。占地面积1000余亩，现已投资1500余万元用于景区景点及基础设施的建设。园内自然条件优越，环境优美。主要规划景区有中心广场区、宋应星纪念馆、农业示范区、苗圃农家乐区、古代民俗实物展示及娱乐区、别墅垂钓休闲度假区等。

翻译小说奠基人林纾

> 林纾（1852—1924），近代文学家、翻译家。福建闽县（今福州市）人。早年曾从同县薛锡极读欧阳修文及杜甫诗，后读同县李宗言家所藏书，不下三四万卷，博学强记，能诗，能文，能画，有"狂生"的称号。

在20世纪初期，尤其是1912年前后，林纾翻译的西方小说风行一时，每出一本，读者便争先购诵。五四时代的作家，在青少年时代大都读过林纾翻译的小说，受到过它们的影响。

林纾从8岁开始读书。他虽然家穷，但心中牢记外祖母的话，勤奋学习。家里没有钱买书，他将母亲给他买饼饵的零钱积攒起来，到城里买了一部残破的《汉书》，不久又买了一部《小仓山房尺牍》，埋头阅读起来。有一天，他偶尔在叔父的书架里翻出《毛诗》《尚书》《左传》《史记》，更是如获至宝，日夜诵读。叔父见他好学，特地送他一部《康熙字典》。他在墙壁上画了一幅棺材，旁边写着"读书则生，不则入棺"，作为自己的座右铭，决心终生攻读不休。

11岁时，林纾跟随无意仕途的穷塾师薛则柯学习欧阳修的古文和杜甫的诗歌。塾师薛则柯对他说："若熟此，可增广胸次。"林纾因此对读书益发入迷，也继续用零花钱购买残烂古书来读。从这一年起到16岁前，他购读的旧书竟装了满满的三个柜橱。随着阅读量的增多，林纾发现许多古籍中存在讹误，便动笔进行校阅。自13岁到20岁，校阅不止2000余卷。19岁时，祖父、父亲和祖母相继病故，林纾因操劳和悲伤过度得了肺病，经常吐血，但他每晚照样坐在母亲和姐姐刺绣的灯前捧书苦读，直到读完一卷方才就寝。从这时候起，林纾开始纵情为诗，乡人称他为"狂生"。不久，他一面读书，一面又向温陵陈文台学画，"一日未尝去书，亦未尝辍笔不画，自计果以明日死者，而今日固饱读吾书，且以画自怡也"。31岁，他结识了藏书极丰的李宗言、李宗祎兄弟二人，又一一借阅，总计不下三四万卷。由于长期的刻苦攻读，林纾积累了丰富的知识，练就了一手漂亮的文笔。这为他日后从事翻译、写作和绘画，奠定了坚实的基础。

由科举进入仕途，是当时一般读书人的追求目标。林纾小时候，祖母就盼望他将来能应试中举，改换门庭。从13岁起，他先后跟随朱韦如、陈蓉圃学制举文，28岁又入读县学，31岁考中举人，但此后屡次应礼部试，却都落第而归。1899年，他前往杭州任教，在浙江仁和县（今浙江杭州）知县陈希贤衙署中，目睹长官督责欺压僚属，痛感官场的黑暗与腐败，从此不图仕进了。

1897年，林纾中年丧偶，郁郁寡欢。新从法国留学归来的朋友王寿昌见状，便邀请他翻译法国作家小仲马的《茶花女遗事》。林纾不懂外文，便由王寿昌口译，他用浅显古雅的文言文笔录。这部小说描写了资本主义社会中的一对青年男女，因受到金钱和世俗观念的阻力而导致的爱情悲剧，情节悲切动人。林纾的译笔又凄婉缠绵，极具感染力。两年后，译作一出版，立刻受到读者的热烈欢迎，很快又出了几种不同版本，风行海内。这次巨大的成功，大大激发了林纾的翻译热情。那时候，帝国主义正加紧侵略中国，民族矛盾空前激化。严复、夏穗卿的《本馆附印小说缘启》、梁启超的《译印政治小说序》和《论小说与群治之关系》等文章先后发表，提倡用小说来推动社会改良、政治演进和道德教育。

1900年，八国联军入侵北京，翌年9月便迫使清政府签订了《辛丑条约》，使中国完全陷入半殖民地半封建社会的深渊。而美国自19世纪末因经济危机掀起的排华浪潮，此时也正愈演愈烈，许多华工和华侨遭到残酷的迫害和屠杀。于是，林纾便在1901年9月选择美国女作家斯托夫人揭露美国农场主虐待黑奴的著名小说《黑奴吁天录》（原名《汤姆叔叔的小屋》），与魏易合作，仅用66天的时间，赶译成中文，以"儆醒"国人。从此，林纾一发而不可收，每年几乎都有译作问世，最多的一年竟出版了16部之多。他译书不仅译文典雅优美，而且速度极快。"耳受手追，声已笔止"，每天4小时，能译出6000字。一部14万字的作品，他冒着酷暑，一个月就能译成。经过数十年的辛勤劳动，他先后将英、美、法、比、俄、西班牙、挪威、瑞士、希腊和日本等十几个国家几十名作家的作品译成中文，共计183种。许多世界著名的大作家，如英国的莎士比亚、笛福、斯威佛、斐尔丁、司汤达、狄更斯、史蒂文生、威尔斯，法国的大仲马、小仲马、雨果、巴尔扎克，美国的欧文、斯托夫人，俄国的托尔斯泰，挪威的易卜生，西班牙的塞万提斯，希腊的伊索，都有作品被林纾译成中文，介绍给中国读者。

林纾是我国翻译小说的奠基人，他的译作不仅在清末民初的文坛上产生了巨大影响，而且对五四时期新文学的孕育和萌发也产生了重要作用。五四新文学的主要作家，如鲁迅、郭沫若、茅盾等，早年都爱读林译小说，从中吸收过营养。

晚年，林纾回首往事，曾总结自己的学习经验说："力学是苦事，然如四更起早，犯黑而前，渐渐向明。好游是乐事，然如傍晚出户，趁凉而行，渐渐向黑。"他的这句话至今读来，仍然给人以有益的启迪。

■故事感悟

林纾一生勤苦译书，翻译了数百部国外文学名著，为我国早期的文化传播事业作出了不可磨灭的贡献。他的这种笔耕不辍、勤苦自强的精神值得敬佩。

■史海撷英

林纾思想的前后变化

戊戌维新前，林纾在福建每天和友人谈新政，作《闽中新乐府》50首，反映了他当时的进步思想。像《村先生》《兴女学》等，主张改革儿童教育，兴办女子教育，宣传爱国思想："今日国仇似海深，复仇须鼓儿童心。"（《村先生》）这种宣传爱国的精神在甲午中日战争后更有发扬，像他所作《徐景颜传》，就表扬了海军的为国牺牲精神。

林纾后来思想转向保守，跟他始终主张维新、忠于清光绪帝的立场有关。辛亥革命后，他在《畏庐诗存·自序》里说，"革命军起，皇帝让政，闻闻见见，均弗适于余心""惟所恋恋者故君耳"。他虽然没有在清朝做官，却十谒光绪帝的陵墓。因此，入民国后，他和桐城马其昶、姚永概相继离开北京大学。五四运动中，《新青年》杂志提倡以白话代文言，发自北京大学。林纾写信给北大校长蔡元培称："若尽废古书，行用土语为文字，则都下引车卖浆之徒所操之语，按之皆有文法。"从保守转到反对"五四"新文学运动。

华罗庚勤奋苦学成大家

华罗庚（1910—1985），世界著名数学家，中国解析数论、矩阵几何学、典型群、自安函数论等多方面研究的创始人和开拓者。国际上以华氏命名的数学科研成果有"华氏定理""华氏不等式""华氏算子"等。

小时候，华罗庚家境贫寒，初中未毕业便辍学在家。辍学之后，他对数学产生了强烈的兴趣，而且也懂得用功读书。他从一本《大代数》、一本《解析几何》及一本50页从老师那儿摘抄来的《微积分》开始，勤奋自学，踏上了通往数学大师的路。

华罗庚辍学期间，帮父亲打理小店铺。为了抽出时间学习，他经常早起。隔壁邻居早起磨豆腐的时候，华罗庚已经点着油灯在看书了。伏天的晚上，他很少到外面去乘凉，而是在蚊子嗡嗡叫的小店里学习；严冬，他常常把砚台放在脚炉上，一边磨墨一边用毛笔蘸着墨汁做习题。每逢年节，华罗庚也不去亲戚家里串门，而是埋头在家里读书。

白天，华罗庚就帮助父亲在小杂货店里干活与站柜台。顾客来了，他帮助父亲做生意，打算盘，记账。顾客走了，他就又埋头看书或演算习题。有时入了迷，竟然忘记了接待顾客，时间久了，父亲很生气，干脆把华罗庚演算的一大堆草稿纸拿来撕掉，撕完就扔到大街上，有时甚至把他的算草纸往火炉里扔。每逢遇到这种时候，华罗庚总是拼命地抱住他视之如命的算草纸，不让父亲烧掉。

华罗庚的志气与行径几乎没有人能够理解。但华罗庚和全世界无数的杰出人才一样，困难愈多，克服困难的决心也愈坚。他克服了常人难以想象的困难与阻力，不断前进。没有时间，养成了他早起、善于利用零碎时间、善于心算的习惯；没有书，养成了他勤于动手、勤于独立思考的习惯。这种习惯一直保持到他的晚年。

■故事感悟

有时候天分固然很重要，但勤奋更是取得成就不可或缺的条件。华罗庚勤学的精神是我们中华民族传统美德的充分体现！

■史海撷英

少年时期的华罗庚

华罗庚读初中时，一度功课并不好，有时数学还考不及格。当时在金坛中学任教的华罗庚的数学老师是我国著名教育家、翻译家王维克，他发现华罗庚虽贪玩，但思维敏捷，数学习题往往改了又改，解题方法十分独特别致。

一次，金坛中学的老师感叹学校"差生"多，没有"人才"时，王维克道："不见得吧，依我看，华罗庚同学就是一个！""华罗庚？"一位老师笑道，"你看看他那两个像蟹爬的字吧，他能算个'人才'吗？"王维克有些激动地说："当然，他成为大书法家的希望很小，可他在数学上的才能你怎么能从他的字上看出来呢？要知道，金子被埋在沙里的时候，粗看起来和沙子并没有什么两样。我们当教书匠的一双眼睛，最需要有沙里淘金的本领，否则就会埋没人才啊！"

华罗庚开始他的数学家生涯时，仅有一本《代数》、一本《几何》和一本缺页的《微积分》。有志者事竟成，他终于在19岁那年写出了著名的论文《苏家驹之代数的五次方程式解法不能成立的理由》。

■文苑拾萃

代　数

代数是研究数字和文字的代数运算理论和方法，更确切地说，是研究实数和复数以及以它们为系数的多项式的代数运算理论和方法的数学分支学科。初等代数是更古老的算术的推广和发展。在古代，当算术里积累了大量的关于各种数量问题的解法后，为了寻求有系统的、更普遍的方法，以解决各种数量关系的问题，就产生了以解方程的原理为中心问题的初等代数。

邓亚萍苦练终成功

邓亚萍（1973—　），出生于河南郑州。前国家队乒乓球运动员。1983年入河南省队，1988年被选入国家队，1997年退役后进修个人学业。其运动生涯中，获得过18个世界冠军，连续两届4个奥运会冠军。邓亚萍是第一个蝉联奥运会乒乓球金牌的球手，也是第一个获得4枚奥运金牌的乒乓球运动员，被誉为"乒乓皇后"，是乒坛里名副其实的"小个子巨人"。2001年北京申奥团成员之一，北京申奥形象大使。2009年4月16日，就任共青团北京市委副书记。

在当今中国熠熠生辉的乒坛上，有许多颗耀眼的明星，但有一颗星却格外引人注目，她就是邓亚萍。她那种场下刻苦训练、自强不息，场上一往无前、有我无敌的进取精神，值得我们认真学习。而她在退役后刻苦求学、辛勤工作的精神更值得我们敬佩。

邓亚萍是乒乓球历史上最伟大的女子选手之一。她5岁起就随父亲学打球，因为个子太矮被河南省队排除在外，只好进入郑州市队。10岁时，在全国少年乒乓球比赛中获得团体和单打两项冠军，后加盟河南省队，直到1988年进入国家队。这中间经历了多少坎坷、挫折，不是常人能够想象到的。

邓亚萍先天条件不好是人所共见的，腰圆、身矮、臂短、腿粗，任何一个教练在选才时也一定不会看中她。在进入国家队前，她已经多次在各种比赛中取得了突出的成绩，但国家队仍然对她的条件不予认可，为她是否可以进入国家队问题召开的三次专门会议也未能统一意见。还是当时的女乒教练张燮林慧眼识才，力拔邓亚萍，才使她有了后来的辉煌。

邓亚萍在解释自己为什么打球时敢打敢拼、全力争胜时说，因为她感到"总是站在悬崖边上"。其实更因为她为此付出了艰辛的努力，所以才有赛场上的虎虎生气，并使她终于成为"乒坛一姐"，先后获得18个世界冠军，在乒坛世界排名连续8年保持第一，成为第一个蝉联奥运会乒乓球金牌的运动员，并获得4枚奥运会金牌。

辉煌的成绩和独特的人格魅力，使她赢得了中国人民和世界人民的敬仰和爱戴，特别是国际奥委会主席萨马兰奇先生和她成了忘年交，多次亲自出席她的比赛并为她颁奖，她也为中国人民争了光。

"临近退役时，我便开始设计自己将来的路。有人认为运动员只能在自己熟悉的运动项目中继续工作，而我就是要证明：运动员不仅能够打好比赛，同时也能做好其他事情。哪天我不当运动员了，我的新起点也就开始了。"邓亚萍说。

1997年，邓亚萍退役后进入清华大学，2001年拿下学士学位，同年9月进入英国诺丁汉大学。2002年12月，她获硕士学位，同年进入英国剑桥大学经济学专业攻读博士学位。邓亚萍用求学路上一系列的奋斗故事讲述了一个世界冠军求学的悬梁岁月……

亚特兰大奥运会结束后，邓亚萍以英语专业本科生的身份初进清华时，她的英文几乎是一张白纸，既没有英文的底子，更别说有口语交流能力了。

"怀着兴奋而又忐忑的心情迈进清华大学后，老师想看看我的水平——你写出26个英文字母看看。我费了一阵心思总算写了出来，看着一会儿大写、一会儿小写的字母，我有些不好意思——老师，就这个样子了。但请老师放心，我一定努力！"

"上课时老师讲的课对我而言无异于天书，我只能尽力一字不漏地听着、记着，回到宿舍，再一点点翻字典，一点点硬啃硬记。我给自己制订了学习计划：一切从零开始，坚持三个'第一'——从课本第一页学起，从第一个字母、第一个单词背起；一天必须保证14个小时的学习时间，每天5点准时起床，读音标、背单词、练听力，直到正式上课；晚上整理讲义，温习功课，直到深夜12点。"

学习是紧张的，每天的课程都排得满满的。除学习之外，邓亚萍每周还要三次往返几十里路到国家队训练基地进行训练，疲劳程度可想而知。

"虽然都是一个'苦'字，但此时的我却有不一样的感受：以前当运动员，训练累得实在动不了，只要一听到加油声，一咬牙，就挺过来了；遇到了难题、关坎，教练一点拨，通了；比赛遇到困难，观众一阵吼声，劲头上来了，转危为安。但读书呢，常常要一个人孤零零面壁苦思，那种清苦、孤独是另一种折磨，没意志、没恒心是坚持不下去的。"

为了更快地掌握英语，几位英语老师建议邓亚萍到国外去学习一段时间。在他们的热心帮助下，经清华大学和国家体育总局批准，1998年初，刚在清华读了几个月的邓亚萍作为交换生被送到英国剑桥大学突击英语。

"刚到剑桥的那段时间，我虽然比较刻苦，效果却不明显。我知道，这是因为自己的语言基础还相当薄弱，要想在剑桥这个精英云集的学府里站得住、学得好，更需要全力以赴地去拼搏。做学问与体育训练一样，没有任何捷径可寻，更不会有天上掉馅饼的美事儿，一切靠自己去拼去搏吧。"为了赶功课，邓亚萍起早贪黑，每天只睡几小时。

2001年，"我终于戴上了学士帽，在毕业典礼上，我用流利的英语向老师致辞。"

2002年12月，她如愿获得硕士学位，萨马兰奇先生称赞她"拥有了打开世界大门的钥匙"。

邓亚萍坦言，从运动员到学生，尤其是一个留学生，她付出的努力并不亚于打球。"从对英语一窍不通到熟练地用英语与教授交流，从人生地不熟到朋友遍英国，从开始时的迷茫到后来的迎接挑战，每一步都走得很辛苦。"

其间，她还为中国北京2008年举办奥运会作着贡献。

2001年，7月13日，邓亚萍用流利的英语向国际奥委会委员呼吁：请给中国运动员一个机会，让我们做一次奥运会的东道主！

2002年，邓亚萍在国际奥委会道德委员会以及运动和环境委员会两个委员会担任职务。

2003年，正在剑桥攻读博士的邓亚萍又回来了，成为北京奥组委市场开发部的一名工作人员。

"有人可能觉得我这是自讨苦吃，甚至有人说你的荣誉多得一大把，不攻读什么学位，后半生照样可以过得不错；即使读学位也不必那么辛苦，甚至不妨找个'枪手'代笔写论文。但我读书上大学可不是为了'镀金'，我上学只是要圆自己的读书之梦。我从自己与外国朋友交往中深切感受到知识缺乏、交流不畅。尽管基础差，我不想投机取巧走捷径，更不要说我就读的清华、剑桥等国际知名大学治学严谨，容不得弄虚作假！"

可以相信，邓亚萍干什么都会是好样的。

邓亚萍凭借着惊人的毅力和勤学苦练的精神，不仅在运动场上书写了辉煌的篇章，在学习的道路上也同样取得了令人瞩目的成绩。她的这种勤学不怠的精神，正诠释了我们中华民族尚勤戒惰的优良美德！

■史海撷英

小球推动大球转

"小球推动大球转"指的是中美建交史上的一段佳话——乒乓外交。1971年3月，中国和美国同时参加了在日本举行的第31届世界乒乓球锦标赛。比赛期间，发生了戏剧性的一幕：一天，美国球员科恩慌乱中上了中国运动员的专车，在即将到达比赛场馆时，中国运动员庄则栋将一块杭州织锦送给他，并与他热情握手。比赛的最后一天，中方正式邀请美国乒乓球队访问中国。1971年4月，中国总理在北京接见了美国乒乓球队代表团的全体成员，由此打开了中美交往的大门。